Christian-Erdmann Schott

# "Lehre uns beten"

Christian-Erdmann Schott

# "Lehre uns beten"

## Predigten

Fromm Verlag

**Impressum/Imprint (nur für Deutschland/ only for Germany)**
Bibliografische Information der Deutschen Nationalbibliothek: Die Deutsche Nationalbibliothek verzeichnet diese Publikation in der Deutschen Nationalbibliografie; detaillierte bibliografische Daten sind im Internet über http://dnb.d-nb.de abrufbar.
Alle in diesem Buch genannten Marken und Produktnamen unterliegen warenzeichen-, marken- oder patentrechtlichem Schutz bzw. sind Warenzeichen oder eingetragene Warenzeichen der jeweiligen Inhaber. Die Wiedergabe von Marken, Produktnamen, Gebrauchsnamen, Handelsnamen, Warenbezeichnungen u.s.w. in diesem Werk berechtigt auch ohne besondere Kennzeichnung nicht zu der Annahme, dass solche Namen im Sinne der Warenzeichen- und Markenschutzgesetzgebung als frei zu betrachten wären und daher von jedermann benutzt werden dürften.

Coverbild: www.ingimage.com

Contact:
International Book Market Service Ltd., 17 Rue Meldrum, Beau Bassin, 1713-01 Mauritius
Website: www.bookmarketservice.com
Email: info@bookmarketservice.com

Gedruckt in: USA, UK, Deutschland. Dieses Buch wurde nicht in Mauritius produziert.

**Imprint (only for USA, GB)**
Bibliographic information published by the Deutsche Nationalbibliothek: The Deutsche Nationalbibliothek lists this publication in the Deutsche Nationalbibliografie; detailed bibliographic data are available in the Internet at http://dnb.d-nb.de.
Any brand names and product names mentioned in this book are subject to trademark, brand or patent protection and are trademarks or registered trademarks of their respective holders. The use of brand names, product names, common names, trade names, product descriptions etc. even without a particular marking in this works is in no way to be construed to mean that such names may be regarded as unrestricted in respect of trademark and brand protection legislation and could thus be used by anyone.

Cover image: www.ingimage.com

Contact:
International Book Market Service Ltd., 17 Rue Meldrum, Beau Bassin, 1713-01 Mauritius
Website: www.bookmarketservice.com
Email: info@bookmarketservice.com



Printed in: U.S.A., U.K., Germany. This book was not produced in Mauritius.

**ISBN: 978-3-8416-0132-2**

# *„Lehre uns beten“*

**Predigten**

**Von Christian-Erdmann Schott**

## Vorwort

Man sollte meinen, dass die Probleme, die die Apostel mit dem Beten hatten, nach zweitausend Jahren christlicher Kirchen- und Gebetsgeschichte eigentlich gelöst sein sollten. So wie es aussieht, ist das aber nicht der Fall. Wir wissen von Millionen von Menschen, die, aus welchen Gründen auch immer, nie einer Kirche angehört, nie an einem kirchlichen Unterricht teilgenommen und so gut wie nie etwas Hilfreiches über das Beten gehört haben. Umgekehrt gibt es unter denen, die kirchlich erzogen und unterrichtet wurden, nicht wenige, die zu diesem Thema so sehr viel auch nicht sagen können und gern Genaueres über das Beten wüssten. Das heißt: Die Bitte, die einstmals an Jesus Christus gerichtet wurde - „Herr, lehre uns beten" – (Lukasevangelium Kap. 11, 1), ist ganz offensichtlich nicht überholt und auch heute noch durchaus aktuell.

Die vorliegende Sammlung mit ihren achtzehn Predigten setzt denn auch hier an. Sie möchte den Blick auf die reiche Überlieferung richten, die wir zu diesem Thema in der Bibel und dann in den Predigttexten des Kirchenjahres haben. Dahinter steht die immer wieder bestätigte Erfahrung, dass das Beten zu den ältesten und am weitesten verbreiteten Äußerungen der existenziellen Bezogenheit des Menschen auf Gott überhaupt gehört. In ihren verschiedenen Schichten, konzentriert in den Gebetsanleitungen von Jesus Christus selbst, hält die Bibel Erfahrungen aus ganz unterschiedlichen Zeiten und Blickrichtungen fest. Aus ihnen ist hier eine repräsentative Auswahl zusammengestellt, damit wir von ihnen lernen und uns helfen lassen können.

Die meisten dieser Predigten sind in der evangelischen Kirchengemeinde Mainz-Gonsenheim gehalten worden. Hier war ich 31 Jahre als Gemeindepfarrer tätig. Sie wurden frei vorgetragen. Der Redestil, auch gelegentliche Wiederholungen sind für den Druck weitgehend beibehalten. Ein Teil der Predigten ist außerdem in den von Gottfried Edel herausgegebenen „Christlichen Musterreden im Welt- und Kirchenjahr", nachfolgend „Predigthandbuch für alle Anlässe im Kirchenjahr und Gemeindeleben", ab 1998 in den von Ulrich Nembach initiierten „Göttinger Predigten im Internet" veröffentlicht worden. Ein kleiner Teil wird hier erstmals publiziert.

Danken möchte ich meiner Frau Barbara und unseren Freunden in Mainz-Gonsenheim, den Johannitern und den evangelischen Schlesiern, die mich mit ausdauernder Anteilnahme über Jahre und Jahrzehnte sehr verständnisvoll begleitet und ermutigt haben.

Mainz-Gonsenheim, Ostern 2011 Christian-Erdmann Schott

# I. Das Vaterunser

## 1. Das Vaterunser – Anleitung zum Beten (Lukas 11, 1-4)

*1 Und es begab sich, dass er war an einem Ort und betete. Und da er aufgehört
hatte, sprach seiner Jünger einer zu ihm: HERR, lehre uns beten, wie auch Johannes
seine Jünger lehrte. 2 Und er sprach zu ihnen: Wenn ihr betet, so sprecht: Unser
Vater im Himmel, dein Name werde geheiligt. Dein Reich komme. Dein Wille
geschehe auf Erden wie im Himmel. 3 Gib uns unser täglich Brot immerdar. 4 Und
vergib uns unsre Sünden, denn auch wir vergeben allen, die uns schuldig sind. Und
führe uns nicht in Versuchung, sondern erlöse uns von dem Übel.“*

Liebe Gemeinde!

Muss man denn beten lernen? Beten kann doch jeder! Schon die ganz kleinen Kinder beten mit, wenn die Mutter ihnen die Worte vorsagt. Und sie sind dabei meistens auch sehr ernsthaft und andächtig. Oder in Notlagen, da ist es fast die Regel, dass die Menschen beten – auch ohne Einweisung, einfach, weil ihnen so ums Herz ist, weil es erleichtert, weil es ja - vielleicht - auch hilft. Warum dann bei Jesus in die Schule gehen und beten lernen?

Wir sollten einmal darauf achten, wer oder was im Zentrum unserer Gebete steht. Ist es wirklich Gott? Oder kreisen unsere Gebete um uns selbst, um unsere Sorgen, Nöte, Ziele, Hoffnungen? Dabei ist nicht die Frage, ob unser Beten andächtig oder innig oder intensiv ist. Darum geht es gar nicht. Entscheidend ist, ob wir wirklich Gott meinen und im Blick haben, oder ob es letzten Endes um uns selber geht, Gott aber für unsere Ziele eingespannt und in Dienst genommen werden soll - von uns für uns. Das selbstsüchtige Beten entspricht unserem Wesen. Es ist uns angeboren und in der Regel auch mit einem guten Schuss Naivität durchsetzt, weil wir uns nur zu gern einreden, Gott zu meinen, und nicht erkennen wollen, wie egoistisch wir tatsächlich sind. Hier setzt die Gebetsschule Jesu Christi ein. Durch den Aufbau des Vaterunsers macht er seinen Jüngern klar: Wenn ihr richtig beten wollt, stellt nicht euch, sondern Gott in den Mittelpunkt. Er ist der Herr der Welt und allen Lebens. Ehe von euren Sachen die Rede ist, muss dieser Sachverhalt erst einmal klar zum Ausdruck gebracht werden.

Das geschieht durch die Anrede und in manchen Überlieferungen – zum Beispiel bei Matthäus (vgl. 6, 13) – durch den lobpreisenden Schluss: „Denn dein ist das Reich und die Kraft und die Herrlichkeit in Ewigkeit. Amen". (6,13) Anrede und Schluss zusammen bilden den Rahmen, in dem wir uns als Betende mit unseren Bitten bewegen. Das heißt, alles hat seinen Platz im Herrschaftsbereich Gottes erhalten, ist eingefasst, umgriffen vom Dasein und vom Namen Gottes.

Durch die Anrede „Vater-Unser" werden wir zugleich in die Gemeinschaft der Glaubenden, in die Weltchristenheit hineingestellt. Es heißt ja nicht „Mein Vater, der du bist im Himmel...". Nein, Gott ist unser aller Vater und höchste verbindende Bezugsgröße. Darum lohnt es sich, daran zu erinnern, dass dieses große Gebet von allen christlichen Kirchen und Konfessionen, trotz aller Unterschiede, in Ehren gehalten und gebetet wird. Mit Recht hat man es „Das Gebet, das die Welt umspannt" genannt.
Aber auch jetzt ist im Vaterunser noch nicht von unseren Sachen die Rede. So wie es in den ersten drei Geboten des Dekalogs, vor allen anderen, um das Recht Gottes in dieser Welt geht und seine Durchsetzung, so geht es auch in den ersten drei Bitten des Vaterunsers um das Recht Gottes in unserer Welt, anfangend bei uns selbst.

Deshalb bitten wir in der ersten Bitte, dass der Name Gottes unter uns nicht missbraucht werde für menschliche Ziele oder zur Bemäntelung von Sünde und Bosheit, sondern unter uns in Ehrfurcht, Demut und Wahrheit genannt werde – uns zur inneren Stärkung. Denn wenn es nichts mehr gibt, was den Menschen wirklich heilig ist, wenn der Name Gottes verunehrt wird, dann nimmt man ihnen den letzten Trost und die letzte Zuflucht, die sie überhaupt haben. Man versündigt sich an Gott und an den Menschen.

Deshalb bitten wir in der zweiten Bitte, dass sein Reich unter uns, anfangend bei uns selbst, sich durchsetzen möchte. Angesichts des Unfriedens, der Ungerechtigkeit, des Hasses in der Welt ist es um der Welt, um unsertwillen und um Gottes willen unser Gebet, dass Gottes Friede, Gerechtigkeit, Liebe zur Herrschaft gelangen und den Weltlauf bestimmen.

Deshalb bitten wir in der dritten Bitte, dass sein Wille unter uns geschehen möge, das heißt, dass wir Menschen in Vertrauen und Liebe und Aufrichtigkeit untereinander und mit Gott so zusammenwirken möchten, wie Gott es bei der Erschaffung der Menschen gemeint und gewollt hat.

Wenn wir das alles, was in den Bitten eins bis drei zusammengefasst ist, vor Gott ausgebreitet haben, kommen wir auch zu unseren Sachen. Zunächst die vierte Bitte: „Gib uns unser täglich Brot immerdar“. Wir alle wissen, wie wichtig Essen und Trinken für uns sind. Aber darum geht es hier nicht nur. Wir wissen, wir brauchen auch Arzneien, wir brauchen ein Zuhause, einen Arbeitsplatz, Freunde, Bücher – wir brauchen viel zum Leben und ganz hängt es nicht von uns ab. Wir sind auch abhängig. Wir können uns noch so sehr anstrengen, aber wir sind immer auch auf die Hilfe von Menschen und auf die Hilfe Gottes angewiesen. Darum bitten wir in dieser Bitte, dass er sie uns gewähren möchte.

Danach kommt die Bitte: „Und vergib uns unsre Sünden, denn auch wir vergeben allen, die uns schuldig sind.“ Wir leben nicht nur in der Gegenwart. Wir haben auch eine Geschichte, einen Werdegang hinter uns, und wir leben im täglichen Kampf ums tägliche Brot. Da kommt es auch zu Entgleisungen. Das kann sehr belasten. Es kann einem lange nachgehen, was man anderen Menschen angetan hat. Darum bitten wir um Vergebung, bezeugen aber zugleich, dass wir auch unsererseits zur Vergebung bereit sind.

Aber wir haben auch Angst vor der Zukunft. Was wird sie bringen? Werden wir sie bestehen? Darum die Bitte „Und führe uns nicht in Versuchung,“ – das heißt, gib, dass wir nicht irre an Gott werden; dass wir nicht der Verzweiflung anheim fallen, den Glauben und die Hoffnung aufgeben; dass wir unser Leben weiterführen, auch wenn wir den Weg nicht wissen.

„Sondern erlöse uns von dem Übel,“ dass wir durch den Glauben frei werden von dem, was uns bedrückt, ängstigt, bedroht.

So legen die vierte bis siebte Bitte die Vergangenheit, die Zukunft und die Gegenwart vor Gott aus und dar in der Hoffnung und in dem Vertrauen, dass er uns beistehen möchte.

Viele Generationen von Christen in vielen Jahrhunderten haben dieses große Gebet gebetet. Menschen in Kriegsnöten, in Krankheiten, in Gefängnissen, in Hunger, Irrtum und Schuld, aber auch in Freude und Dank. Es wird noch heute gebetet. Es lebt unter uns. Es hat sich gezeigt und zeigt sich immer wieder, dass in ihm etwas von der Kraft Gottes lebt, die durch das Beten auf uns übergeht. Darum sollten wir es nie aufgeben. Wir dürfen mit ihm leben und so mit Gott in Beziehung bleiben. Dazu ist es uns gegeben von Jesus Christus, dem Sohne Gottes selbst. Amen.

## 2. Dein Wille geschehe (Matthäus 6. 10 b)

Seit dem plötzlichen Tod von Herrn N. hat sich die Welt verändert. Das gilt in erster Linie für die Familie. Es gilt aber auch für den Freundeskreis, für den Herr N. so viel bedeutete. Es gilt für die Nachbarn, für die Berufskollegen.

Wir alle kennen das Wort aus dem Neuen Testament „Dein Wille geschehe auf Erden wie im Himmel". Ist der plötzliche Tod von Herrn N. wirklich Gottes Wille? Dieses Wort ist keine fatalistische Feststellung. Es ist die dritte Bitte des „Vater-Unsers" und meint: Lass uns erkennen, Herr, dass dein Wille zu ehren ist, dass er heilig ist. Hilf, dass wir ihn annehmen.

Das kann man nicht immer sagen und nicht sofort. Manchmal brauchen wir sehr lange Zeit dazu. Selbst Jesus Christus, der in so enger Verbindung und täglichem Umgang mit seinem himmlischen Vater stand, hat es eine schwere Selbstüberwindung gekostet, bis er diesen Satz schließlich aussprechen konnte. Er hat uns zugleich gezeigt, dass das wohl nur durch das Gebet möglich ist. In Gethsemane, kurz vor seiner Verhaftung, hat er dreimal zu einem schweren Ringen mit sich selbst und mit dem Willen Gottes ansetzen müssen, bis er einwilligen und sagen konnte: „Doch nicht mein, sondern dein Wille geschehe". (Lk. 22,42). Darum ist die Einfügung dieser Bitte in das große Gebet der Christenheit ein wichtiger Hinweis darauf, dass dieser Satz keine Selbstverständlichkeit, sondern eine schwere Aufgabe ist, an der wir nicht selten lange arbeiten müssen.

Dass wir ihn einmal aussprechen können, ist für uns wichtig – nicht für Gott. Er, der Herr, setzt seinen Willen durch, auch wenn wir nicht zustimmen. Aber wenn wir in der Nähe Gottes bleiben, den Glauben nicht verlieren und in Bitterkeit, Verzweiflung oder Lebenshass verfallen wollen, müssen wir versuchen, uns seinem Willen schrittweise anzunähern – bis wir ihn übernehmen und als Teil unseres Willens ansehen und sogar bejahen können. Das bedeutet nicht, dass wir ihn verstehen müssen. „ Denn meine Gedanken sind nicht eure Gedanken" sagt schon der Gott des Alten Testaments (Jes. 55, 8).

Um leben oder überleben zu können, müssen wir durchaus nicht alles verstehen. Die Erfahrung zeigt, dass wir uns normalerweise im Leben ganz gut zurechtfinden, ohne die Grundfragen unserer Existenz beantworten zu können – warum wurde ich überhaupt geboren, warum zu dieser Zeit, warum gerade von diesen Eltern, mit dieser Ausstattung, männlich oder weiblich, in diesem Land, mit diesen Mitmenschen? Wenn man anfängt, über diese Fragen in ihrer ganzen Tiefe nachzugrübeln, kann man depressiv werden. Das muss aber nicht sein. Mit der Erklärung zum Ersten Artikel des Glaubensbekenntnisses hat Martin Luther die Antwort des Glaubens auf den Punkt gebracht: „Ich glaube, dass mich Gott geschaffen hat". Damit weiß ich zwar immer noch nicht sehr viel Genaues und kann die Grundfragen weiterhin nicht beantworten. Ich habe aber eine Haltung eingenommen, die die Lebenskraft stärkt: Ich glaube, dass Gott es gut damit meinte, dass er mich schuf und mir das Geschenk des Lebens machte. Mit diesem Vertrauen kann man leben und sogar sehr gern und sehr fröhlich leben. Dann können wir auch das Schwere im Leben leichter akzeptieren. Es bekommt ein anderes Gesicht. Es trägt uns ein Gefühl von Sinn, das auch durch die Erfahrung von Sinnlosigkeit oder gar Widersinn nicht aufgehoben wird. Es bleibt eine positive Grundeinstellung, die uns zum Leben und zur Lebensfreude befähigt.

Langsam kommen wir auch zur Ruhe. Denn aus diesem Vertrauen heraus können wir unseren Frieden machen mit dem Traurigen und können unsere Verstorbenen loslassen, an Gott loslassen, in seine Hände zurückgeben. Jesus hatte durch das Gebet in Gethsemane seinen Frieden gefunden. Er hatte sein Schicksal als Willen Gottes akzeptiert. Das hat ihm Sicherheit gegeben für seinen weiteren Weg, Gewissheit. Er ging ihn dann ohne Zaudern. Seine Übereinstimmung zeigte sich in der Klarheit seiner Haltung und in seiner Ruhe. Hier lag die Quelle seiner Kraft.

Der Schmerz um Herrn N. braucht seine Zeit. Diese Zeit dürfen, müssen wir uns nehmen. Darüber wollen wir nicht vergessen, Gott zu danken für das, was Herr N. Ihnen und uns allen war, was er uns gegeben hat. Zugleich wollen wir Gott bitten, er möchte ihn aufnehmen in sein himmlisches Reich und sein Gedächtnis unter uns zum Segen setzen. Amen.

**3. Führe uns nicht in Versuchung – (Matth. 6, 13 a)**

Liebe Gemeinde!

Diese Bitte des Vaterunsers setzt voraus, dass wir alle mit Versuchung/Versuchungen zu kämpfen haben. Aber worin bestehen sie? Wie könnte uns „Unser Vater im Himmel“ im Kampf mit ihnen helfen? Führt er uns etwa selbst in Versuchung? Was können wir im Kampf gegen die Versuchungen in unserem Leben tun?

Diesen Fragen wird hier nachgegangen. Dabei soll uns das Wort, das Jesus Christus den Jüngern im Garten Gethsemane mitgegeben hat, leiten: *Wachet und betet, dass ihr nicht in Anfechtung fallet!* (Matth. 26, 41) Daneben soll das Evangelische Gesangbuch (EG) als Hilfsmittel herangezogen und eingesetzt werden. In ihm sind die Erfahrungen früherer Generationen aufbewahrt. Sie bilden für uns einen bisher kaum wahrgenommenen, geschweige denn ausgeschöpften Schatz an alten, aber keineswegs veralteten christlichen Einsichten in dem Kampf, der uns verordnet ist.

Drei Bereiche, in denen wir seit Menschengedenken vor allem mit Versuchungen zu kämpfen haben, sollen hier besonders thematisiert werden.

I Die Versuchung der Macht

II Die Versuchung durch den Zeitgeist

III Versuchungen in den verschiedenen Lebensaltern

**Zu I**

hören wir die Geschichte von der Versuchung Jesu aus dem Matthäus-Evangelium. Diese Geschichte steht im Kapitel 4, 1-11 kurz vor dem Vaterunser und unserer Bitte.

*Da ward Jesus vom Geist in die Wüste geführt, auf dass er von dem Teufel versucht würde. Und da er vierzig Tage und vierzig Nächte gefastet hatte, hungerte ihn.*
*Und der Versucher trat zu ihm und sprach: Bist du Gottes Sohn, so sprich, dass diese Steine Brot werden.*

*Und er antwortete und sprach: Es steht geschrieben: „Der Mensch lebt nicht vom Brot allein, sondern von einem jeglichen Wort, das durch den Mund Gottes geht".*
*Da führte ihn der Teufel mit sich in die heilige Stadt und stellte ihn auf die Zinne des Tempels*
*und sprach zu ihm: Bist du Gottes Sohn, so wirf dich hinab; denn es steht geschrieben: „Er wird seinen Engeln über dir Befehl tun, und sie werden dich auf den Händen tragen, auf dass du deinen Fuß nicht an einen Stein stoßest".*
*Da sprach Jesus zu ihm: „Wiederum steht auch geschrieben- Du sollst Gott, deinen Herrn, nicht versuchen".*
*Wiederum führte ihn der Teufel mit sich auf einen sehr hohen Berg und zeigte ihm alle Reiche der Welt und ihre Herrlichkeit*
*und sprach zu ihm: Das alles will ich dir geben, so du niederfällst und mich anbetest.*
*Da sprach Jesus zu ihm: Hebe dich hinweg von mir, Satan! Denn es steht geschrieben: „Du sollst anbeten Gott, deinen Herrn, und ihm allein dienen."*
*Da verließ ihn der Teufel. Und siehe, da traten die Engel zu ihm und dienten ihm.*

In allen diesen – vom Teufel – ausgedachten und vorgetragenen Versuchungen unseres Herrn geht es um die Macht. Auch wenn sie persönlich, das heißt auf die Person des Gottessohnes und auf sein Erlösungswerk unter den Menschen zugespitzt sind, thematisieren sie über seine Person hinaus auch allgemein menschliche Versuchungssituationen

1. Den Menschen helfen (wollen) – hier: durch die Beschaffung von Brot
2. Die Menschen beeindrucken (wollen) – hier: durch das Schauwunder eines unverletzten Absprunges von der höchsten Stelle des Tempels
3. Die Menschen beherrschen (wollen) – hier: durch die Übernahme der Weltherrschaft

Das teuflisch Versucherische liegt in der Grenzenlosigkeit der Rolle, in die der Mensch gedrängt wird und willentlich gerät – ob es nun Jesus Christus ist oder vergleichbar abgewandelt wir selbst sind. Denn

- aus dem Helfenden wird schnell der Unverzichtbare, ohne den scheinbar nichts mehr läuft
- aus dem Beeindruckenden der Siegertyp, dem immer alles gelingt
- aus dem Herrschenden der totalitäre Machthaber

um seinen Geist, der uns leitet, stärkt und hilft – 136 *O komm du Geist der Wahrheit* – und überhaupt viele Pfingstlieder, sie ermutigt uns, durchzuhalten und nach dem Wort Gottes zu leben - *295 Wohl denen, die da wandeln*

und das Vertrauen auf Gott nicht aufzugeben 369 *Wer nur den lieben Gott lässt walten und hoffet auf ihn alle Zeit* – 361 *Befiehl du deine Wege….*

**Zu III**

können wir bei Martin Luther einen wichtigen Hinweis finden. Im Zuge der Auslegung der Sechsten Bitte hat er darauf hingewiesen, dass nicht alle Menschen zu jeder Zeit mit den gleichen Versuchungen zu kämpfen haben: „Die Jugend leidet Anfechtung vom Fleisch; was erwachsen und alt wird, leidet Anfechtung von der Welt; die andern aber, die mit geistlichen Sachen umgehen, das heißt die starken Christen, leiden Anfechtungen vom Teufel".

Was mit der Anfechtung des Fleisches gemeint sein kann, zeigt sein Gebet: „Lieber Vater, gib uns Gnade, dass wir des Fleisches Lust zwingen; hilf, dass wir übrigem Essen und Trinken, Schlafen, Faulenzen, Müßiggang widerstreben; hilf, dass wir es (das Fleisch) mit Fasten, mäßigem Futter, Kleidern, Lager, Arbeit, Wachen und Arbeiten dienstbar und zu guten Werken geschickt machen….".

Die Anfechtung der Welt ist zusammengefasst in der Beobachtung „Da will niemand der geringste sein, sondern jedermann obenan sitzen und von jedermann gesehen sein.".

Die Anfechtung durch den Teufel zielt darauf, „dass man beide, Gottes Wort und Werk, in den Wind schlage und verachte; vom Glauben, der Hoffnung und der Liebe will er uns reißen und zu Missglauben, falscher Vermessenheit und Verstockung oder auch umgekehrt zu Verzweiflung, Gottesverleugnung und Lästerung und anderen unzähligen gräulichen Stücken bringen….".

In den modernen Kirchenliedern kommt diese Art von Realismus kaum vor. Darum werden wir auf die alten Prediger und Dichter mit ihren Konkretionen angewiesen bleiben. Sie sind im gegenwärtigen Evangelischen Gesangbuch unter den Rubriken *Umkehr und Nachfolge, Nächsten- und Feindesliebe, Beichte* und *Bußtag* zu finden.

Wenn Fleisch, Welt und Teufel als Verursacher der Versuchung namhaft gemacht werden, ist ausgeschlossen, dass Gott für diese Rolle in Frage kommt. Im Gegenteil, er ist es, der unsere Widerstandskraft in der Versuchung stärkt. In diesem Sinn erklärt Luther:
*Nicht in Versuchung führen heißt nun, wenn er (Gott) uns Kraft und Stärke gibt, zu widerstehen […] Denn solang wir im Fleisch leben und den Teufel um uns haben, kann niemand Versuchung und Reizung umgehen […] Aber darum bitten wir, dass wir nicht ganz hineinfallen und drin ersaufen. Amen*

Zum Abschluss Lied 344 *Vater unser im Himmelreich…*

Orgel: Dietrich Buxtehude „Vater Unser“ BuxWV 219.

## II. Jesu Kreuz und unser Sterben

## 1. Die sieben Worte am Kreuz

Liebe Gemeinde!

Das Kreuz weist in zwei Richtungen: In der Senkrechten weist es von der Erde hinauf in den Himmel und symbolisiert die Bezogenheit von Jesus Christus auf Gott, die Hingabe des Sohnes an den Vater. Hier begegnen wir dem betenden Christus. In der Horizontalen weist das Kreuz auf die Welt und symbolisiert die Bezogenheit von Jesus Christus auf die Menschen. Bis in die letzten Stunden seines Lebens hinein bleibt er ihnen zugewandt. Er verlässt sie, aber er segnet sie auch – nicht mit der geschlossenen Faust, sondern mit der offenen Hand. Beide Balken des Kreuzes gehören zusammen, so wie die Liebe zu Gott und zu den Menschen zusammengehören; so wie der betende und der segnende Christus eins ist.

Wenn man alle vier Evangelien zusammen nimmt, sind es sieben Worte, die Jesus am Kreuz gesprochen hat. Dabei zeichne ich zunächst sechs dieser Worte in die beiden Dimensionen des Kreuzes ein: Nach Markus und auch nach Matthäus ist das letzte Wort Jesu: „Mein Gott, mein Gott, warum hast du mich verlassen". Es hat auf die Menschen einen so unerhörten Eindruck gemacht, dass sie es als eines der ganz wenigen Worte im Neuen Testament sogar in der aramäischen Ursprache festgehalten haben – Eli, Eli, lama asaphtani? Noch heute hören wir aus diesem Wort die Verzweiflung heraus, die ungeheure Verlassenheit des Sterbenden. Die Bosheit der Feinde, der Verrat und die Flucht der Jünger haben ihn einsam gemacht und ihm den Blick auch auf die Liebe Gottes verstellt. Hat Gott ihn auch verlassen? Wir dürfen nicht überhören, dass dieses Wort trotzdem und dennoch und vor allem ein Schrei nach Gott ist – „mein Gott, mein Gott". Das ist das entscheidende: nicht die Verzweiflung, nicht die Verlassenheit, nicht das Scheitern – sondern, dass Jesus sich an Gott anklammert, ihn nicht loslässt. Auch in der tiefsten Todesnot gibt Jesus Christus Gott nicht auf.

Das zeigt auch das Wort im Johannesevangelium. „Es ist vollbracht". Es zeigt Jesus als den Gehorsamen, der darin zugleich der Siegende und Triumphierende ist, weil er diesen Gehorsam, weil er am Willen und Befehl Gottes bis zuletzt festgehalten hat. Er hat Gottes Willen höher gestellt als alles andere, auch als sein Leben. Damit hat er Gott die Ehre gegeben. Er hat ihn geliebt bis ans Ende. Darum ist er am Kreuz der gehorsame Sieger.

Demgegenüber zeigt Lukas Jesus als den Vertrauenden, sich in Gott Bergenden – „Vater, in deine Hände befehle ich meinen Geist". Hier treten die Bitterkeit dieses Sterbens und die Überwindung, die der Gehorsam verlangt, zurück. An ihre Stelle tritt ein tiefer Friede. Voller Vertrauen legt sich der Sterbende in die Hand Gottes, gibt sein Leben, seine Zukunft, alles Gott anheim. Darum hat dieses Wort vielen Menschen auch Frieden gegeben.

Während diese drei Worte die Beziehung zum Vater im Sterben auslegen, zeigen drei andere Worte die Beziehung zu den Menschen: Markus und Matthäus allerdings berichten nichts davon. Sie haben jeweils nur dieses eine Wort. Das kann auch als Aussage verstanden werden: Zuletzt ist Jesus allein auf Gott gerichtet. Er hat die Menschen, das Leben und seinen Kampf hinter sich gelassen. Er ist der Welt gestorben. Das Einzige, was ihm wichtig ist und ihm bleibt, ist der Schrei nach Gott.

Lukas dagegen zeigt in seinem Gebet „Vater, vergib ihnen, denn sie wissen nicht, was sie tun", dass sich Jesus in ergreifender Weise auch jetzt noch den Menschen, ja den Feinden zuwendet und für sie vor Gott eintritt. Er beschönigt nichts. Es bleibt dabei, dass sie gegen ihn und gegen Gott sündigen. Sie selber wollen es nicht wahrhaben. Gegen ihre Lügen und Verblendung wird hier noch einmal die Wahrheit festgehalten. Aber sie wird doch zugleich als Fürbitte vor Gott gebracht, in Liebe zugedeckt. Das ist Glaube: Gegen den Hass der tobenden Menge setzt Jesus Christus die Liebe und den Segen der Fürbitte, glaubend, dass diese Kräfte den Hass überwinden und brechen werden. So ist sein Gebet auch Gegenglaube gegen die Allmacht des Hasses und der finsteren Kräfte.

Zugleich berichtet Lukas von einem stärkenden, verheißenden Wort an einen der beiden mit gekreuzigten Schächer: „Wahrlich, ich sage dir: Heute wirst du mit mir im Paradiese sein." Hier spricht Jesus als Herr und Bruder zu dem Leidensgefährten, den Mitleidenden. Bis zum Schluss ist er der Seelsorger, der er immer war. Auch jetzt denkt er nicht an sich, beschäftigt sich nicht mit seinen Schmerzen, sondern schließt anderen den Himmel auf. Wir dürfen dieses Wort getrost auch auf uns beziehen. Es meint, dass auch unsere Leiden zum Ziel kommen, dass Christus neben uns ist als unser Leidensgefährte.

Das Johannesevangelium schließlich berichtet von einem Wort Jesu an seine Mutter, das sie an den Jünger Johannes weist: „Weib, siehe, das ist dein Sohn" und zu dem Jünger gewandt: „Siehe, das ist deine Mutter". Diese Worte stiften eine neue Gemeinschaft. Es ist die Gemeinschaft des Geistes, des Glaubens, nicht mehr die naturhafte Gemeinschaft der Familie. Es ist die Stiftung der neuen Familie, die „familia dei" in dieser Welt. Sie soll die Liebe, die er für die Seinen gehabt hat, bis ans Ende bewahren. Sie soll behüten. Sie soll das Band sein, das sie wie Geschwister zusammenschließt.

In diesen Worten hält Jesus seine Liebe durch bis ans Ende: gegenüber den Feinden, gegenüber den Leidenden, gegenüber den Zurückgelassenen und Trauernden. Diese Worte, zusammen mit den Worten, die der Sterbende an Gott richtet, zeigen, dass das Kreuz das Symbol der durchgehaltenen Liebe ist.

Ein Wort, das siebente, fehlt noch. Es ist auch bei Johannes überliefert: „Mich dürstet." Manchem mag es keine überzeitliche Bedeutung anzeigen und nur von der äußeren Situation her wichtig sein. Von daher lässt es sich auch gut verstehen; denn seit dem letzten Abendmahl, das Jesus mit den Jüngern gefeiert hatte, hat er nichts mehr zu sich genommen. Dafür hat er Verhöre, die Auspeitschung, die Verhöhnungen, die Einsamkeit, das Tragen des Kreuzes, das Zusammenbrechen unter ihm und schließlich die Hinrichtung aushalten müssen. Es ist aber darüber hinaus bis heute so, dass das letzte Bedürfnis Sterbender das ist, was Jesus hier ruft: „Mich dürstet."

Im Johannesevangelium haben die Dinge und Worte aber darüber hinaus oft auch einen verborgenen, tieferen Sinn. So schwingt bei diesem Wort auch der Gedanke mit, dass Jesus Christus durch den Verlauf seines Lebens seinen Lebensdurst nicht stillen konnte. Auch das, was die Umstehenden ihm anbieten, Essig, kann seinen Lebensdurst nicht wirklich löschen. Es bleibt das Verlangen nach einer letzten Erfüllung, nach dem eigentlichen, dem ewigen Leben. Es bleibt eine uneingelöste, noch offene Hoffnung, die sich nicht zufrieden geben kann mit dem, was war. Wir werden das möglicherweise auch haben, auch nach einem so genannten erfüllten Leben. Es war doch eben auch viel Essig dabei, viel nicht wirkliche Erfüllung. Dieser Durst, den Jesu hier hat, weist hinüber auch eine andere, die letzte, die wahre Erfüllung unseres Lebens in Gott und bei Gott.

Von diesem siebenten Wort her gewinnt das Kreuz etwas Unabgeschlossenes, Offenes. Es bedeutet, dass es zugleich Abschied, Ende und auch wieder die Erwartung eines neuen Anfanges ausdrückt, der die Erfüllung bringen soll. Es zeigt, dass unser Leben doch noch nicht alles ist, dass wir aber auch nicht in der Lage sind, uns selbst die Vollendung zu geben. Das kann nur Gott. Und er wird uns am Ende der Zeit, dann, wenn er das Leben heraufführen wird, das von ihm bestimmt ist, wenn er alles vereinen wird, das geben, was bis dahin ausgeblieben ist und ausbleiben musste. So ist es auch in der Offenbarung des Johannes beschrieben, wenn es heißt: „Und der Geist und die Braut sprechen: Komm! Und wer es hört, der spreche: Komm! Und wen dürstet, der komme; und wer da will, der nehme das Wasser des Lebens umsonst“ (Offbg. 22,17). Amen

## 2. „In deine Hände befehle ich meinen Geist" – (Lk. 23,46)

Liebe Gemeinde!

Unter den Evangelisten ist Lukas nicht nur der bedeutendste Erzähler. Er ist auch der bedeutendste Seelsorger, das heißt: Er ist der Evangelist, der mit der Gestaltung des Evangeliums die Menschen vor allem aufrichten und trösten, ihre Lebenskraft, ihre Seele stärken will.

Zu keiner Zeit haben wir diese Stärkung so nötig wie in der Stunde unseres Todes. Dann, wenn wir uns aus allen Bezügen dieses Lebens herausnehmen, alles loslassen müssen und allein, ungesichert und ungeschützt dem Fremden, Dunklen, das nach uns greift, gegenüberstehen, dann ist es eine ungeheure Stärkung, wenn wir wissen: Wir dürfen Vertrauen haben. Wir dürfen uns, unser Leben, unsere Angst, unsere Schmerzen, unseren Abschied, unsere Hoffnung, alles in „die Hände des Vaters" legen; an ihn zurückgeben, der uns mit der einen Hand das Leben gab und es mit der anderen wieder an sich nimmt. Am Sterben Jesu können wir lernen, wie wir sterben können. Er zeigt es uns. Er macht es uns vor. Er geht voran. In der Gestaltung des Lukas ist dieses letzte Wort an den Vater nicht allein ein Wort seines persönlichen Glaubens, seines individuellen Vertrauensverhältnisses zu Gott. Es ist auch ein Vermächtnis an die Gemeinde, die schon am Fuße des Kreuzes andeutungsweise erkennbar ist, und in deren Überlieferung wir bis heute stehen.

So zeigt uns diese letzte Stunde Jesu: Christus stirbt als Christ – ohne Bitterkeit, in überwundener Angst, getrost. Er möchte uns Mut machen, auch so zu sterben. Paul Gerhardt hat das dann in das Gebet gefasst: „Erscheine mir zum Schilde, zum Trost in meinem Tod, und lass mich sehn dein Bilde in deiner Kreuzesnot. Da will ich nach dir blicken, da will ich glaubensvoll dich fest an mein Herz drücken. Wer so stirbt, der stirbt wohl!" (EG 85, 10).

Und so ist Jesus Christus gestorben: Nachdem er laut gerufen hatte, „Vater, ich befehle meinen Geist in deine Hände!", konnte er sich aufgeben und ganz in Gott fallen lassen: „Und als er das gesagt, verschied er".

Mit diesem nach Lukas letzten Wort Jesu wird unsere Lage angesichts des Todes, aber auch angesichts unserer Schuld und angesichts unserer letzten, uns nicht immer bewussten, meistens verdrängten, aber immer vorhandenen Einsamkeit geklärt. Denn es wird deutlich, dass es zuletzt nur einen Ansprechpartner für uns Menschen gibt. Alle anderen Mächte, auch alle anderen Menschen, sind dann nicht mehr wichtig. Nur Gott bleibt. Er ist der Herr, größer als alles, auch größer als unsere Schuld, als die Macht des Todes und nimmt unsere Einsamkeit auf in seine Gemeinschaft.

Diese Klarstellung könnte uns lange vor dem Tod helfen, die Dinge richtig einzuordnen und zu gewichten, ohne sie zu verachten.

Zu dieser Ausrichtung wollte uns Jesus Christus ermutigen. In der Todesstunde ist die letzte Möglichkeit dafür gegeben. Den Gewinn, den wir davon haben – Frieden, Freude aus dem Glauben, Leben – könnten wir schon früher haben. Dann nämlich, wenn wir anfangen, ernsthaft und ehrlich mit Gott zu sprechen, immer wieder, so dass es zu einer Gewohnheit wird. Jesus hat das offensichtlich getan. Es wird öfter in den Evangelien berichtet, dass er sich zurückgezogen und für sich gebetet hat.

So hat er auch dieses Wort, das er nach Lukas in seiner Todesstunde gesprochen hat, dem großen Gebetbuch seines Volkes, der Bibel, den Psalmen entnommen. Hier ist es Psalm 31, Vers 6. Jesus Christus lebte mit seiner Bibel. Das hat ihm Kraft und Ausdauer im Gottvertrauen gegeben. Mit der heute modischen Verachtung des Auswendiglernens von Bibelworten oder Gebeten (Psalmen, Gesangbuchversen) wird man sich auf Jesus Christus nicht berufen können. Im Gegenteil. Er zeigt uns, dass wir häufig nur das inwendig haben, was wir auswendig gelernt haben.

Zu den schönen Folgen der Ausrichtung unseres Lebens auf Gott schon vor der letzten Stunde gehört die innere Unabhängigkeit Zeiterscheinungen, Dingen, Moden und Methoden gegenüber und eine Spur von Heiterkeit im Umgang und im Blick auf Zurücksetzungen oder Verletzungen. In der Stunde des Todes kann sie sich letztgültig zeigen. Sie kann hervortreten als Kraft zum Segnen. Der Christ am Kreuz bietet dem Betrachter weder die geballte Faust noch die Beschimpfung der Gegner.

Er bietet die ausgestreckte, segnende Hand dessen, der mit der Welt und seinem eigenen Leben seinen Frieden gemacht hat und aus diesem Frieden heraus die stärkt, die noch kämpfen müssen und noch nicht so weit sind wie er; ihn aber sehen, sich an ihm orientieren und wissen: So schwach das Kreuz aussieht und daherkommt, ist es gar nicht. Die Kraft, die von ihm ausgeht, ist tiefer und stärker als alle Kraftquellen der Welt.

Bis heute glaubt die christliche Gemeinde, dass Gott das Gebet Jesu am Kreuz erhört und ihn in sein Reich aufgenommen, zu sich erhöht hat. Auferstehung, Himmelfahrt, „Sitzen zur Rechten des Vaters“ (sessio ad dexteram) wollen das aussagen. Sie halten aber immer auch fest, dass es sich bei Erhörung um Erhöhung, nicht um eine Entrückung oder um ein Verlassen der Gemeinde handelt; vielmehr um eine neue Art ihrer Begleitung durch Teilnahme an der Herrschaft Gottes, als Mitregent Gottes. Darum ist mit Erhöhung eine andere, neue Art des Bei-Uns-Seins gemeint. Es kann die Gemeinde stärken auf ihrem Weg durch die Geschichte, wenn sie an ihm festhält, sich von seinem Wort nicht abdrängen und von seiner Stimme nicht weglocken lässt in unwegsames Gelände: „Denn meine Schafe hören meine Stimme, und ich kenne sie, und sie folgen mir, und ich gebe ihnen das ewige Leben, und sie werden nimmermehr umkommen, und niemand wird sie aus meiner Hand reißen. Der Vater, der mir sie gegeben hat, ist größer als alles, und niemand kann sie aus meines Vaters Hand reißen. Ich und der Vater sind eins“ (Joh. 10,27-30).

Da haben wir sie wieder, diese beiden Bilder von der Hand und vom Vater. Hier gelten sie zunächst der Gemeinde als ganzer, dem wandernden Gottesvolk. Aber sie gelten mit ihren Zusagen auch für den Einzelnen als Teil dieser Gemeinschaft der Glaubenden. Denn auch als Individuum bin ich von Gott gesehen und gekannt. Ich kann ihm vertrauen, weil ich weiß, auch meine persönliche „(Lebens-)Zeit steht in Gottes Händen“ (Psalm 31,16).

Das Wort von den „Händen Gottes“ ist ein sehr altes und trotzdem nicht verbrauchtes Bild. Jesus war es wichtig. Die Gemeinde hat durch drei Jahrtausende mit ihm gelebt. Wenn wir es groß machen in unseren Herzen und vor unserem geistigen Auge, spüren wir, wie durch die Kraft dieses Wortes alles andere auf seine natürlichen Maße zurückfällt. Amen

## 3. Schicksal und Gebet – zum Sonntag Rogate - (Lukas 11, 5-13)

*(Lk.11, 5) (Lk.11, 5) Und Jesus sprach zu ihnen: Welcher ist unter euch, der einen*
*Freund hat und ginge zu ihm zu Mitternacht und spräche zu ihm: Lieber Freund, leihe*
*mir drei Brote;*
6 *denn es ist mein Freund zu mir gekommen von der Straße, und ich habe nicht, was*
*ich ihm vorlege;*
7 *und er drinnen würde antworten und sprechen: Mache mir keine Unruhe! die Tür ist*
*schon zugeschlossen, und meine Kindlein sind bei mir in der Kammer; ich kann nicht*
*aufstehen und dir geben.*
8 *Ich sage euch: Und ob er nicht aufsteht und gibt ihm, darum dass er sein Freund ist,*
*so wird er doch um seines unverschämten Geilens willen aufstehen und ihm geben,*
*wieviel er bedarf.*
9 *Und ich sage euch auch: Bittet, so wird euch gegeben; suchet, so werdet ihr*
*finden; klopfet an, so wird euch aufgetan.*
10 *Denn wer da bittet, der nimmt; und wer da sucht, der findet; und wer da anklopft,*
*dem wird aufgetan*
11 *Wo bittet unter euch ein Sohn den Vater ums Brot, der ihm einen Stein dafür biete?*
*und, so er um einen Fisch bittet, der ihm eine Schlange für den Fisch biete?*
12 *oder, so er um ein Ei bittet, der ihm einen Skorpion dafür biete?*
13 *So denn ihr, die ihr arg seid, könnet euren Kindern gute Gaben geben, wie viel*
*mehr wird der Vater im Himmel den heiligen Geist geben denen, die ihn bitten!*

Liebe Gemeinde,

der Name des heutigen Sonntages – Rogate (Bittet, Betet) – ist weder eine Mahnung noch ein Befehl. Es ist eine sehr freundliche Einladung, gestützt auf den zentralen Satz unseres Predigttextes: „Bittet, so wird euch gegeben; suchet, so werdet ihr finden; klopfet an, so wird euch aufgetan". Ich halte es schon für wichtig, dass diese Ermunterung nicht in einem Leitfaden der Esoterik zu finden ist oder in einem islamischen oder buddhistischen Religionsbuch, sondern im Neuen Testament und dass Jesus es ist, der sie ausgesprochen hat. Denn wenn man den Auftrag, den Jesus in dieser Welt hatte, auf eine kurze Formel bringen will, dann kann man sagen:

Er ist gekommen, um die Menschen und Gott wieder miteinander in Kontakt zu bringen. Die Worte, mit denen er uns hier dazu einlädt und ermuntert, gehören

zu diesem seinem Auftrag

Wir wissen ja wie es ist, wenn das Gespräch erstirbt. Es gibt viele Menschen, mit denen wir uns im Lauf des Lebens viel zu sagen hatten. Dann sind wir oder sie an einen anderen Ort gezogen, und, aus den Augen aus dem Sinn, man verliert den Kontakt, die Beziehung löst sich auf. Zuletzt bleibt nur noch eine Erinnerung. So ist das auch mit Gott. Es gibt viele Menschen, viel mehr als man meint, die durchaus mit Gott gute Erfahrungen gemacht haben, irgendwann in ihrem Leben auch gebetet haben, zum Beispiel vor einer Operation oder vor einer schweren Entscheidung, aber dann kam der Alltag und das Gespräch war abgerissen. Zurück bleibt nur die Erinnerung.

So ist es nicht nur mit einzelnen Menschen. Letztlich hat die ganze Menschheit den Kontakt mit Gott weitgehend verloren und sich dann aus dieser Gottesferne heraus auch ganz falsche Vorstellungen von ihrem Schöpfer gemacht. Die Notwendigkeit, die Menschen und Gott wieder einander näher zu bringen, ist gegeben. Jesus Christus aber ist der Hersteller, der Vermittler dieser Beziehung, im Auftrag und im Namen Gottes.

Eine dieser falschen Vorstellungen ist die unrealistische Einschätzung unserer Bedürftigkeit. Sie zeigt sich darin, dass wir von Gott zu viel oder umgekehrt zu wenig erwarten. Zu viel erwarten wir, wenn wir Gott in der Hoffnung anrufen, er möge unsere schicksalhaften Begrenzungen ändern oder aufheben – also den Tod von uns nehmen und alles, was dahin führt, - Krankheiten, Leiden, Rückgang der Kräfte. Wir haben aus den ersten Kapiteln der Bibel, aus der vom Schöpfer verfügten Verhinderung des Zugangs zum Baum des ewigen Lebens, gelernt und dann von Jesus im Garten Gethsemane bestätigt bekommen, dass Gott unser Todesschicksal nicht aufhebt. Es ist sein Wille, dass es bleibt. Und das heißt: Wir sind und bleiben sterblich, auch wenn wir noch so bitten, er möge dieses Schicksal von uns nehmen.

Diese Grenze müssen wir respektieren, ob wir wollen oder nicht. Wir können sie aber sehr unterschiedlich respektieren: Wie einen Fluch, wie eine Strafe, wie ein böses Verhängnis, das uns in Angst, Wut und Verzweiflung stürzt. Wir können diese Grenze aber auch annehmen mit Gottvertrauen, das heißt mit dem durchgehaltenen Vertrauen in die Güte und Menschenfreundlichkeit Gottes. Und Jesus ermuntert uns, um diese Gott vertrauende Haltung zu bitten, wenn er sagt, es „wird der Vater im Himmel den heiligen Geist geben denen, die ihn bitten!“. Im heiligen Geist, mit dem heiligen Geist sind wir fähig, unsere existentielle Armut im Glauben anzunehmen. In der Bergpredigt nennt Jesus Christus die Menschen, die das können, sogar selig: „Selig sind, die da geistlich arm sind, denn das Himmelreich ist ihr“ (Matth. 5, 3).

Das sind die Menschen, die den uns angeborenen Größenwahn überwunden haben und ihre Begrenztheit als Gott gewolltes Wesensmerkmal unserer Menschlichkeit ansehen, um dann in Demut den uns geschenkten Zeit-Rahmen gern und fröhlich und dankbar anzunehmen und auszufüllen. Sie sind angenehm vor Gott, aber auch für ihre Mitmenschen. Klar aber muss sein: Von uns aus fällt uns diese Einstellung sehr schwer. Wir brauchen dazu den Heiligen Geist. Er weist uns in unserer Zeit und Welt und zugleich im Reich Gottes, das heißt im Herrschaftsbereich Gottes, unseren Platz an. Wenn wir ihn im Glauben als Geschenk dankbar annehmen, sind wir erwachsene Kinder Gottes; dann können und sollen wir zu Gott auch sprechen „Vater Unser...“

Aber Vorsicht, hier lauert auch das andere Vorurteil. Es ist das genaue Gegenteil von dem „Ich will alles...“, dass wir nämlich von Gott gar nichts erwarten oder in vermeintlicher Bescheidenheit meinen, unsere Sachen wären für den großen Gott viel zu klein, viel zu unwichtig, als dass wir ihm mit ihnen kommen könnten. Jesus hat dieses Vorurteil sehr ernst genommen. Im Lukasevangelium sind uns zwei Gleichnisse überliefert, die das Ziel haben, diese Meinung zu Recht zu rücken:

Einmal das Gleichnis von der bittenden Witwe (Lk. 18, 1-8). Hier schildert Jesus eine arme Witwe, die von ihrem Nachbarn bedrückt und bedrängt wird und nun Rechtsschutz beim Stadtrichter sucht. Dieser hat aber kein Interesse, hier tätig zu werden und stellt sich taub. Die Witwe aber lässt mit ihrem Bitten nicht nach. Und das hat die gute Folge, dass der Richter sie dann doch anhört und ihre Sache aufgreift. Der Richter in diesem Gleichnis steht für Gott, der auch scheinbar nicht hört und nicht helfen will. Die Witwe sind wir, die wir ermutigt werden, nicht nachzulassen, immer wieder vorstellig zu werden und zu Gott zu rufen und zu beten.

Das andere Gleichnis ist unser Predigttext. Hier wird Gott geschildert wie ein Freund, der auch hilft, als es ihm gar nicht passt. Es ist Nacht, es ist dunkel, das Haus ist verschlossen, die Kinder schlafen. Aber er hilft. So – das will Jesus sagen - hört und hilft auch Gott. Er lässt sich durch unser Rufen, durch unser anhaltendes Gebet bewegen und hilft den Betrübten.

Diese beiden Erwartungen – „Alles oder Nichts" - schließen sich nur scheinbar aus. In Wirklichkeit sind sie zwei Varianten derselben Grundhaltung - Ausdruck des Vorurteils, dass es Gott nicht gut mit uns meint. Darum gönnt er uns die Unsterblichkeit nicht – darum interessiert er sich nicht für uns und unsere Sachen. Beides ist Unglaube. Gegen beides geht Jesus an, indem er uns Gott als den liebenden Vater offenbart und uns zeigt, wie wichtig wir ihm sind. So wichtig, dass er uns die Ewigkeit schenkt – nicht als Verlängerung der irdischen Lebenszeit, sondern als Gemeinschaft in seiner Nähe, hier beginnend und über den Tod hinaus wirksam. Wir nennen das Auferstehung und in der Nach-Osterzeit ist das das große Thema. Es meint, Überwindung des Todesschicksals, nicht zu unseren Bedingungen und Erwartungen, sondern nach dem Willen und den Erwartungen Gottes. Das meint auch, dass unsere irdischen Hoffnungen mit uns sterben (müssen), damit Gott, sein Wille, seine Ziele, sein Reich sich durchsetzen und leben – uns zum Heil. Amen

## III. Lehre uns beten

### 1. Wo ist Gott? (I. Könige 8,22-24 und 26-28)

*Der Predigttext:*
*22 Und Salomo trat vor den Altar des HERRN angesichts der ganzen Gemeinde Israel und breitete seine Hände aus gen Himmel*
*23 und sprach: HERR, Gott Israels, es ist kein Gott weder droben im Himmel noch unten auf Erden dir gleich, der du hältst den Bund und die Barmherzigkeit deinen Knechten, die vor dir wandeln von ganzem Herzen;*
*24 der du gehalten hast deinem Knecht, meinem Vater David, was du ihm zugesagt hast. Mit deinem Mund hast du es geredet, und mit deiner Hand hast du es erfüllt, wie es offenbar ist an diesem Tage.*
*26 Nun, Gott Israels, lass dein Wort wahr werden, das du deinem Knecht, meinem Vater David, zugesagt hast.*
*27 Aber sollte Gott wirklich auf Erden wohnen? Siehe, der Himmel und aller Himmel Himmel können dich nicht fassen - wie sollte es dann dies Haus tun, das ich gebaut habe?*
*28 Wende dich aber zum Gebet deines Knechts und zu seinem Flehen, HERR, mein Gott, damit du hörest das Flehen und Gebet deines Knechts heute vor dir.*

Liebe Gemeinde!

Zu den schwierigsten Fragen, mit denen wir uns zeitlebens herumschlagen, gehören die so genannten Kinderfragen. Da fragt ein kleiner Junge seine Mutter: „Wo ist eigentlich der Herr Jesus?“ Die Mutter: „Der ist beim lieben Gott“. Daraufhin der Junge: „Und wo ist der liebe Gott?“ Die Mutter: „Der ist im Himmel“. Der Junge: „Und woher weißt Du, dass der liebe Gott im Himmel ist?“ Die Mutter: „Weil es heißt: Vater unser, der du bist im Himmel....“ Daraufhin der Junge: „Also ist der liebe Gott hinter den Wolken, bei den Sternen, beim Mon...“. Die Mutter: „Nein, da ist er auch nicht, denn er ist ja auch immer bei uns. Er ist jetzt auch hier“. Der Junge: „Ja, wo ist er denn nun, im Himmel und dann auch auf der Erde, wo ist er denn nun wirklich?“

Der Schwierigkeiten, die in diesem kleinen Gespräch aufleuchten, müssen wir uns nicht schämen. Sie sind uralt. Schon und gerade die Israeliten kannten sie. Denn sie lebten in einer Umgebung, wo jedes Volk einen anschaubaren, vorzeigbaren Gott verehrte. Israel dagegen glaubte an einen unsichtbaren Gott. Es war immer schwierig, diesen Gott zu benennen und zu sagen, wie er vorzustellen ist, wo er eigentlich ist. Die Frage der umliegenden Völker war immer: Wo ist denn nun euer Gott?

Nun hatten die Israeliten zuerst eine bescheidene Lösung für das Problem gefunden. Sie nahmen die Steintafeln, auf die Mose am Sinai im Auftrage Gottes die zehn Gebote eingemeißelt hatte, und taten sie in einen Kasten, in die so genannte Bundeslade. Und immer wenn etwas Besonderes stattfand, zum Beispiel eine Volksversammlung oder ein Krieg, nahmen sie diese Lade mit als Zeichen der Gegenwart Gottes. Allmählich genügte vielen diese Lösung aber nicht mehr. Immer deutlicher zeigte sich das Bedürfnis, Gott an bestimmten „heiligen" Orten, zum Beispiel in regionalen Tempeln oder an religiösen Erinnerungsstätten in den einzelnen Stämmen zu suchen und zu verehren. Das führte allerdings auch zur Zersplitterung des Glaubenslebens. So kam der Gedanke auf, dass man doch an zentraler Stelle, auf dem Zion in Jerusalem, einen Tempel bauen sollte, ein Zentralheiligtum, das auch als Nationalheiligtum gemeint war, damit jedermann, das gesamte Volk Israel, weiß, wo Gott zu finden ist, wo er seinen Platz hat. Das ist geschehen. Der Tempel wurde gebaut. Die Bundeslade bekam nun ihren festen Platz in diesem Tempel. Von Salomo, also im 10. Jahrhundert vor Christus, wurde der Tempel schließlich eingeweiht.
In der weiteren Entwicklung bedeutete das Jahr 587 vor Christus einen tiefen Einschnitt. Damals eroberten die Babylonier unter ihrem König Nebukadnezar den jüdischen Staat und zerstörten sein zentrales Symbol, den Tempel in Jerusalem.
Die Oberschicht musste in die Verbannung nach Babylon. Daraus folgte für Israel ein schweres Glaubensproblem. Die Verbannten fragten sich: Wo ist nun der Platz Gottes in dieser Welt? Ist Gott heimatlos, ortlos geworden? Ist er noch in seinem Volk? Ist jetzt mit uns nicht alles aus und zu Ende? In dieser Situation und mit diesen Fragen begannen die Israeliten im Exil ihre Geschichte aufzuschreiben, auch die Geschichte des Tempels, - immer aus der Rückschau, immer mit der bangen Frage im Herzen, ob und wie es denn überhaupt weitergehen kann.
Unser Predigttext stammt aus diesen Aufzeichnungen. Er ist ein Teil des Gebetes, das sozusagen zurückdatiert und Salomo in den Mund gelegt wurde. Wer genau

hinhört, spürt, dass die Erfahrungen des Exils bereits eingearbeitet sind und schon hier, schon bei der Einweihung des Tempels zur Sprache gebracht werden. Das zeigt sich vor allem in der Spannung: Es ist dein Haus, Gott Israels, das wir einweihen. Aber wohnst du wirklich in diesem Haus, du, den alle Himmel und aller Himmel Himmel nicht fassen können? Durch die Formulierung dieser Spannung wird deutlich, dass der Bau des Tempels nur der Versuch war, Gott einen Platz in der Welt anzuweisen, dass das aber letztlich ein unmögliches Unterfangen ist. Denn der Gott, an den Israel glaubte, ist in keinen Tempel einzuzwängen. Er ist jenseits aller Tempel, aller Himmel und aller Erde, denn er hat sie ja geschaffen. Er ist nicht ein Teil der Welt. Damit ist es dann aber auch unerheblich, ob der Tempel noch steht und vom Volk für den Gottesdienst genutzt werden kann. Die Verschleppten begannen an die Gegenwart Gottes zu glauben - auch ohne Tempel. Das war für sie überlebenswichtig. Durch diese Erkenntnis blieben sie davor bewahrt, dass mit der Zerstörung des Tempels auch ihr Glaube zerstört wurde.

Das Gebet des Königs Salomo hat aber noch eine andere Seite. Wir kommen ihr sehr nahe, wenn wir uns klar machen, dass es bei der Frage „Wo ist Gott?“ nicht um die Befriedigung von Neugier oder um die Klärung eines interessanten intellektuellen Problems geht. Es ging vielmehr darum, sich der Gegenwart Gottes zu versichern, weil man seine Stärke, seine Hilfe, seinen Schutz, seine Gnade und Güte bei sich und mit sich haben wollte. Gott ist kein bloßer blasser Begriff. Der Name Gottes ist Ausdruck seines Wesens. Darum ist es ein Urbedürfnis des Menschen, Gott in seiner Nähe zu wissen.

Das hat dann auch im Neuen Testament seinen Niederschlag gefunden. Besonderns im Johannesevangelium ist das sehr deutlich herausgearbeitet: „Das Wort ward Fleisch und wohnte unter uns“. Gott „wohnte“ in Christus unter den Menschen. Aber genauso wie der Tempel im alten Israel nicht das ganze Sein Gottes umfasste, so bleiben Gott und der Sohn, in dem er sich offenbart, doch unterschieden. Auch in Christus ist Gott nicht vollumfänglich aufgegangen. Der Vater und der Sohn bleiben eins und doch getrennt. Aber der Sohn versichert uns der Nähe Gottes und zeigt uns den Weg zu Gott, indem er uns voran geht. Aber wohin?
Es war die Idee des Evangelisten Lukas, das irdische Leben Jesu einmünden zu lassen in die Rückkehr zu Gott, dem Vater. Wir nennen diesen Vorgang die

Himmelfahrt. Er bedeutet, dass Jesus Christus uns die Richtung zeigt, die auch wir einschlagen sollen, um zu Gott zu kommen. Er ging uns voran und voraus. Nach der Meinung des Lukas haben das die Jünger auch so verstanden, denn es heißt bei ihm, dass sie nach dem Abschied von Jesus „mit großer Freude“ wieder nach Jerusalem zurückkehrten. Sie haben verstanden, dass dieser Weggang uns zur Ermutigung, zur Hoffnung, zur Freude, zur Vergewisserung geschehen ist. So wie Christus zum Vater geht, wieder zu ihm zurückkehrt, so sollen auch wir zu ihm gehen. Deswegen ist es im Sinn der Bibel ganz richtig, wenn es in einem der Himmelfahrtslieder heißt: „Auf Christi Himmelfahrt allein ich meine Nachfahrt gründe“ (EG 122). Es meint: Wir sind auf dem Weg in den „Himmel“, zu Gott.

Das alles zeigt aber auch, dass es sehr schwer ist, diese Themen des Glaubens angemessen zu beschreiben und auszudrücken. Das war immer so und darum haben die Menschen immer Bilder benutzt, um sich überhaupt verständlich zu machen. So ist das mit der Himmelfahrt, so ist das auch mit dem Tempel. Wir könnten theoretisch auf diese Bilder und Symbole verzichten. Aber der Preis wäre sehr hoch. Wir könnten uns nämlich praktisch kaum noch etwas vorstellen und kaum noch miteinander kommunizieren. Es wäre auch schwierig, den Glauben an die folgenden Generationen weiterzugeben. Insofern brauchen wir Bilder, auch das Bild von dem in den Himmel auffahrenden Christus. Die Kunstgeschichte hat im Übrigen gerade diese Szene viel massiver dargestellt und ausgemalt als Lukas, bei dem sie eigentlich nur angedeutet ist.

Andererseits können wir von diesem alttestamentlichen Weihegebet auch einige bleibende Erkenntnisse gewinnen – hier vor allem die, dass die Bilder und Zeichen, dass der Tempel eben nicht das Ganze und nicht die Sache selbst sind. Das heißt, dass wir nicht, wie es in Israel dann auch geschehen ist, den Tempel für den ausschließlichen realen Wohnsitz Gottes halten und sagen „Hier haben wir ihn wirklich und hier ist er anwesend“. Die Zerstörung des ersten und dann des wieder aufgebauten zweiten Tempels im Abstand von rund sechshundert Jahren ist insofern wegweisend und weiterführend, weil sie uns zeigt, dass unsere Zeichen und Symbole immer wieder auch zerbrochen werden müssen – ohne dass Gott und der Glaube dadurch Schaden nehmen. Wir brauchen Bilder. Aber wir sollten sie nicht zu ernst nehmen, auf keinen Fall für die Sache selbst halten. Himmelfahrt aber meint,

Jesus ist uns vorangegangen, er zeigt, dass wir in seiner Nachfolge auf dem Weg in den „Himmel“ sind.

Dieser Himmel aber ist, das zeigt die Geschichte aus dem Buch der Könige schließlich auch, dort, wo wir mit Gott sprechen. Himmel ist, wo Gott ist. Insofern war es sehr bedeutsam, dass die verschleppten Israeliten dem König Salomo ein Gebet in den Mund legten. Im Gewand einer längst vergangenen Zeit, im Gewand eines Weihegebetes für den bereits untergegangenen Tempel zeigt es, wie es mit dem Glauben auch nach der Katastrophe in einer Gott angemessenen Weise weitergehen kann: Denn Gott ist geblieben, und die Möglichkeit des Betens ist geblieben, auch ohne Tempel. Ja, der Ort, wo Gott ist, das Haus Gottes, die Gegenwart Gottes ist dort, wo gebetet wird – ob es nun das Einfamilienhaus, das Kinderzimmer, die Familienfeier, der Krankensaal, das Gefängnis, der Gemeindesaal oder das stille Kämmerlein ist. Dort, wo gebetet wird, dort ist Gott, dort ist der Himmel offen. Und in diesen geöffneten Himmel dürfen wir hineinsprechen, alles was uns an Lob, Dank, Kummer, Krankheit, Freude, Hoffnung bewegt. Amen.

**2. Beten will gelernt sein - Rogate - (Lk. 11, 5-13)**

*Der Predigttext:*

*(Lk.11, 5) Und Jesus sprach zu ihnen: Welcher ist unter euch, der einen Freund hat und ginge zu ihm zu Mitternacht und spräche zu ihm: Lieber Freund, leihe mir drei Brote;*
*6 denn es ist mein Freund zu mir gekommen von der Straße, und ich habe nicht, was ich ihm vorlege;*
*7 und er drinnen würde antworten und sprechen: Mache mir keine Unruhe! die Tür ist schon zugeschlossen, und meine Kindlein sind bei mir in der Kammer; ich kann nicht aufstehen und dir geben.*
*8 Ich sage euch: Und ob er nicht aufsteht und gibt ihm, darum dass er sein Freund ist, so wird er doch um seines unverschämten Geilens willen aufstehen und ihm geben, wieviel er bedarf.*
*9 Und ich sage euch auch: Bittet, so wird euch gegeben; suchet, so werdet ihr finden; klopfet an, so wird euch aufgetan.*
*10 Denn wer da bittet, der nimmt; und wer da sucht, der findet; und wer da anklopft, dem wird aufgetan*
*11 Wo bittet unter euch ein Sohn den Vater ums Brot, der ihm einen Stein dafür biete? und, so er um einen Fisch bittet, der ihm eine Schlange für den Fisch biete?*
*12 oder, so er um ein Ei bittet, der ihm einen Skorpion dafür biete?*
*13 So denn ihr, die ihr arg seid, könnet euren Kindern gute Gaben geben, wie viel mehr wird der Vater im Himmel den heiligen Geist geben denen, die ihn bitten!*

Liebe Gemeinde!

Die Worte, die wir eben gehört haben, sind ein Teil der Antwort Jesu Christi auf die Jüngerbitte „Herr, lehre uns beten" (Kap. 11,1). Damit meinen die Jünger: Lehre uns so beten, dass wir bei Gott gehört werden und eine positive Reaktion auslösen.
Die Antwort Jesu muss auf dem Hintergrund des Gesamtzeugnisses des Lukas und des Neuen Testamentes überhaupt gesehen werden. Dann zeigt sich, dass sie drei auch für uns bleibend wichtige Hinweise enthält:
Erstens: Wenn Eure Gebete dem allgemeinen Zustand der Welt gelten, solltet Ihr davon ausgehen, dass sie bereits erhört sind. Seit Jahrtausenden haben die

Menschen unter dem Zustand der Welt gelitten. Ungerechtigkeit, Gottlosigkeit, Lüge scheinen die Oberhand zu haben und immer schlimmer zu werden. Seit Jahrtausenden bitten die Menschen, Gott möge eingreifen und ein Zeichen seines Daseins, seiner Nähe und Verbundenheit mit der Menschheit geben. Diese Bitten sind – und das ist der Hintergrund der Antwort Jesu - erfüllt.
In Lukas 1 und 2, im Magnificat der Maria, in der Weihnachtsgeschichte mit der Botschaft der Engel, im Lobgesang des Simeon und der Hanna wird gesagt und besungen, dass das, „was der alten Väter Schar höchster Wunsch und Sehnen war, und was sie geprophezeit, ist erfüllt in Herrlichkeit" (EG 12,2).
Gott hat in der Person Jesu Christi das große Zeichen dafür gesetzt, dass er die Welt nicht aufgegeben hat; dass wir nicht Gott-los sind, sondern ihn „Unser Vater" nennen dürfen und alles, was wir vorbringen und erbitten in diesem großen Rahmen des Welthandelns Gottes gesehen werden muss und auf der Grundlage einer großen Dankbarkeit geschehen kann. Wir dürfen in seiner Nähe leben und mit ihm sprechen.
Darum kann unser Beten auch eigentlich nur mit dem Lobpreis beginnen: „Dein Name werde geheiligt – Dein Wille geschehe – Dein Reich komme" und setze sich bei uns weiter durch. (Lukas 11,2)

Zweitens: Wenn Eure Gebete Eure persönliche Situation betreffen, könnt Ihr davon ausgehen, dass Gott Euch erhören und helfen wird. Dabei sollt Ihr Euch auch nicht dadurch entmutigen lassen, dass die Not – Krankheit, Arbeitslosigkeit, Angst, Sorge, Kinderlosigkeit, Einsamkeit – groß, und die Lage aussichtslos scheint. Denkt daran, dass Gott Euer Vater ist oder auch – hier unser Evangelium - Euer guter Freund. Wenn schon ein menschlicher Freund hilft, weil Ihr nicht nachlasst mit Bitten, um wie viel mehr wird Gott auf Euer anhaltendes Gebet hören, sich erweichen lassen und helfen. Und wenn schon ein menschlicher Richter sich durch das unaufhörliche Bitten einer schutzlosen Witwe erweichen lässt, um wie viel mehr werdet Ihr Gott erweichen, wenn Ihr beharrlich bleibt. (Lukas 18,1-8). „Bittet – suchet – klopfet an" – Gott ist Euch zugetan. Er wird Euch hören, „denn er tut Wunder" (Psalm 98,1b).
Damit sind wir bei dem breiten Strom der Wundergeschichten im Neuen Testament. Etwa die Hälfte von ihnen ist als Gebetserhörung konzipiert. Zum Beispiel die Geschichte von den Zehn Aussätzigen mit der Bitte „Jesus, lieber Meister, erbarme dich unser!" Oder die beiden Blinden, von denen Matthäus erzählt, die ihm

nachfolgten und schrieen „Ach, du Sohn Davids, erbarme dich unser“ (Matth. 9,27). Die Wundergeschichten können und sollen uns ermutigen, auch in aussichtsloser Situation um ein Wunder bei uns zu bitten. Im Kern ist ohnehin jede Bitte um Hilfe, die wir an Gott richten, die Bitte um ein Wunder. Das dürfen wir. Das sollen wir.

Drittens: Wenn Ihr betet, müsst Ihr Gott aber auch ernst nehmen und ihm zubilligen, dass er darüber entscheidet, wie er Euch helfen will. Darum heißt es ja im Vaterunser auch ausdrücklich „Dein Wille geschehe“. Gerade das müssen wir immer wieder lernen – wie es auch Jesus selbst lernen musste. Die Geschichte seines Betens in Gethsemane zeigt es. Auch er musste dahin kommen, sich in den Willen Gottes zu fügen. Andererseits zeigt diese Geschichte aber auch, dass Gott auf seine, auf die ihm gemäße Weise tatsächlich hilft: Er sandte zu Jesus Christus einen „Engel vom Himmel“, der ihn für seinen Leidensweg stärkte (Lukas 22,43).
Darum ist es so wichtig, dass wir bei allem, was uns bewegt und bedrückt, oder auch erfreut, die Bitte um den Heiligen Geist nicht vergessen. Darauf weist ja unser Evangelium auch hin (V.13) Wenn wir den Geist Gottes haben, werden wir lernen, auf die Zeichen zu achten, durch die Gott antwortet. Manchmal kann diese Reaktion Gottes eine Weile dauern. Aber das geduldige Warten auf die Hilfe Gottes hat schon bei manchen Menschen zu der Einsicht geführt, dass Gott sie besser verstanden hat als wir uns mitunter selbst verstehen und unsere Gebete – zu unserem Glück – nicht so erhört hat, wie wir sie meinten, sondern umgebogen hat. Das dankbar zu erkennen, ist Sache des Gottvertrauens und des Heiligen Geistes. Es hat Menschen gegeben, die dankbar für nicht erhörte Gebete waren, weil sie erkannten, dass Gott die Dinge, die sie belastet haben, besser hinausgeführt hat, als sie es selbst jemals gekonnt hätten.
Der Heilige Geist macht aus den Christen Überlebenskünstler – weil er uns die Fähigkeit verleiht, das Gute, das Gott uns auf oft versteckte Weise zukommen lässt, zu erkennen. Der Apostel Paulus hat das in die schönen Worte gefasst: „Wir wissen aber, dass denen, die Gott lieben, alle Dinge zum Besten dienen“ (Röm. 8,28). So lange man diesen Durchblick noch nicht hat, kann man sich in prekären Situationen immerhin schon einmal für sich selbst und andere an den Volksmund halten und vertrauensvoll unterstellen: „Wer weiß, wozu es gut ist“.
Wenn wir diese drei Hinweise, die Jesus Christus den Jüngern auf ihre Bitte „Herr, lehre uns beten“ gegeben hat, aufnehmen und umsetzen, werden wir erkennen,

dass das wichtigste am Beten dieses ist: Dass wir mit Gott im Gespräch bleiben – so wie er mit uns im Gespräch ist. Amen.

**3. Das Problem mit der Ausdauer – Rogate – (Kol. 4, 2-6)**

*Der Apostel Paulus schreibt:*

*2 Haltet an am Gebet und wachet in demselben mit Danksagung; 3 und betet zugleich*
*auch für uns, auf dass Gott uns eine Tür des Wortes auftue, zu reden das Geheimnis*
*Christi, darum ich auch gebunden bin, 4 auf dass ich es offenbare, wie ich soll reden.*
*5 Wandelt weise gegen die, die draußen sind, und kauft die Zeit aus.6 Eure Rede sei*
*allezeit lieblich und mit Salz gewürzt, das ihr wisst, wie ihr einem jeglichen antworten*
*sollt.*

Liebe Gemeinde,

mit dem Beten haben die Menschen offensichtlich nicht erst heute ihre Schwierigkeiten. Es fällt ja doch auf, dass sich in den Briefen des Neuen Testaments, besonders aber bei Paulus, so viele Aufforderungen und Mahnungen finden, nicht nachzulassen mit dem Beten, ohne Unterlass in allen Dingen und Lebenslagen am Gebet festzuhalten. Offensichtlich waren solche Ermahnungen nötig. Auch damals mussten die Menschen zum Beten immer wieder angehalten werden. Das hat ja dann auch dazu geführt, dass ein Sonntag im Kirchenjahr, eben der Sonntag Rogate, ganz diesem Thema gewidmet ist. Die Frage ist dann allerdings, was hält die Menschen eigentlich vom Beten ab? Wo liegen die Schwierigkeiten?

Wenn ich von meinen persönlichen Erfahrungen ausgehe, dann ist die Hauptschwierigkeit, dass man sich fürs Beten zu wenig Zeit nimmt. Es gibt viele Menschen, die durchaus nichts gegen das Beten haben und auch schon erfahren haben, wie hilfreich es sein kann. Aber das Leben läuft dann oft so hin, dass man, kaum ist man am Morgen aufgestanden, schon einen Telefonanruf bekommt oder gleich zu einem Termin weg muss oder dies oder jenes gleich und sofort zu erledigen ist. So geht es dann den ganzen Tag über und den nächsten auch und dann fällt das Beten aus. Wenn man dann mal Zeit hätte, sitzt man vor dem Fernseher, weil man zu müde ist oder man unterhält sich. Und so geht das Beten immer mehr verloren. Das scheint mir die wichtigste Schwierigkeit zu sein, - wir machen so viel, dass wir zum Beten kaum noch kommen. Und wenn wir dann dazu kommen könnten, sind wir oft nicht in der Stimmung.

Auf dem Hintergrund solcher Erfahrungen ist es dann aber schon sehr sinnvoll, dass man immer wieder mal gesagt bekommt: „Seid beharrlich im Gebet und wachet"! Das heißt doch eben auch: Gebt euch mit dem schleichenden Verfall Eures Gebetslebens nicht zufrieden und versucht, es nicht so zu machen wie schon die Jünger, die im Garten Gethsemane eingeschlafen sind und nicht einmal eine Stunde mit und für Jesus Christus wachen konnten.

Insofern hat eine solche Aufforderung von Zeit zu Zeit immer wieder ihren guten Sinn. Aber ich möchte es bei dieser Aufforderung allein nicht lassen, sondern auch noch auf die beiden anderen Gedanken eingehen, die der Apostel hier anklingen lässt. Beide sind geeignet, die Freude am Beten zu stärken:

I. Das Stichwort Danksagung. Wir alle kennen Stunden, wo wir sehr niedergeschlagen sind, traurig, wo die Sorge, vielleicht sogar die Angst uns beherrscht, vielleicht auch Verbitterung oder Ärger. Wir neigen dann dazu, uns in diesen Gedanken zu drehen und uns in ihnen zu quälen. Dann schlafen wir vielleicht sogar noch schlecht. Damit schaden wir zum Schluss nicht nur unserer Gesundheit, sondern auch unserer Seele. Von daher hat es einen guten Sinn, wenn Paulus uns ermuntert, dankbar zu sein. Das heißt doch, zu denken, zu bedenken, sich aufzusagen und aufzuzählen, wie viel Gutes uns Gott tatsächlich gegeben hat und gibt. Schon die Tatsache, dass wir überhaupt noch leben, ist ein Grund zur Dankbarkeit. Wenn man die Todesanzeigen liest, staunt man oft, wie viele junge oder jüngere Menschen schon sterben müssen. Und wenn man in die Krankenhäuser geht und sieht, was da manchmal für ein Elend versammelt ist, aber auch Einsamkeit und welch schwere innere Lasten manche Menschen zu tragen haben, dann wird man ganz still und bescheiden; dann merkt man, dass es oft sehr undankbar und unberechtigt ist, in Verbitterung zu verfallen. Das heißt: Durch Danken kann man fröhlich werden. Es kann eine Aufmunterung sein, eine Lebenshilfe. Dabei sollte der Humor auch einmal aufgerufen werden. Vielleicht kann man dann sogar für Dinge danken, über die man sich ärgert – nach dem biblischen Erfahrungssatz „Denen, die Gott lieben, müssen alle Dinge zum besten dienen" (Röm. 8, 28). Dazu eine kleine Geschichte:
Die bekannte niederländische Evangelistin Corrie ten Boom (1892-1983) erzählt in einem ihrer Bücher, wie sie zusammen mit ihrer Schwester im NS-Konzentrationslager Ravensbrück in eine Frauenbaracke verlegt wurde, in der sich Unmengen von Flöhen befanden. Nun war die Evangelistin eine fromme Frau und meinte, sie müsse sich – da man für alles danken soll – beim lieben Gott auch für die

Flöhe bedanken. Ihre Schwester fand das unpassend und lehnte das ab. Corrie ten Boom dankte trotzdem auch für die Flöhe. Nach einigen Tagen stellte sich heraus, dass die SS-Wachmannschaften diese Baracke niemals betraten – aus Angst vor dem Ungeziefer. Das aber hatte zur Folge, dass die Evangelistin ganz ungestört Bibelstunden halten konnte, dass sich eine große Gemeinschaft unter den gefangenen Frauen bildete, die so sonst wahrscheinlich nicht entstanden wäre. Es zeigte sich, dass viele Dinge – eben denen, die Gott lieben – dann doch in einer Weise zum Guten ausschlagen, wie man es sich nie hatte vorstellen können, - weil jede Sache irgendwie, manchmal auch sehr verborgen, doch auch ihre gute Seite hat. Diese dankbar herauszuarbeiten und zu sehen und darüber wieder fröhlich zu werden, das ist eine große Kunst und Hilfe im Leben.

II. Das Beten kann aber auch sehr hilfreich sein, wenn wir nicht nur für uns beten und um uns selber kreisen. Paulus lenkt den Blick der Kolosser hier auf sich: Denkt an mich, betet für mich. Ich bin im Gefängnis: ich kann die Mission nicht weiter führen, betet, dass Gott mir die Tür zur Freiheit öffnet. Dazu aus unserer Gemeinde die Beobachtung: Ich höre manchmal besonders von alten Menschen, dass sie sich überflüssig vorkommen. Niemand scheint sie zu brauchen. Aber – ist das wirklich so? Als Beter werden alle gebraucht - als Beter für die Mission, für die Entwicklungshelfer, aber genauso für die verfolgten Christen in China oder Nordkorea, und auch für deren Angehörige und Gemeinden, die sich sehr oft große Sorgen machen. Da wird viel geweint. Wie einsam kommen sich diese Menschen manchmal vor. Es ist wichtig, dass sie wissen, in der Ökumene wird für sie gebetet. Wir können nicht alle selbst als Missionare im Ausland tätig sein. Aber Fürbitte können wir tun. Damit treten wir ein in die große Bewegung, die seit Ostern von Gott her in der Welt ist und werden Teil der Kraft, die die Welt verändert. Wir verstärken die Kraft Gottes.

Diese beiden Hinweise – Dank und Fürbitte – verändern uns. Wir treten aus unserer Ich-Umkreisung heraus. Wir öffnen uns für das Tun und für die Bewegung Gottes. Wir werden freier. Und damit sind wir dahin gekommen, wo Christus uns hin haben will. Das für uns Selbstverständliche ist die uns angeborene Selbstumkreisung, überall, auch im Beten. Ganz zentral geht es dem Menschen um sich selbst und nicht um Gott, häufig auch dann, wenn er es meint oder sogar ausdrücklich sagt, dass es ihm um Gott geht. Das ist aber auch der Grund, weshalb es uns so schwer fällt, wirklich zu Gott zu beten. Das haben auch die Jünger erkannt. Darum sind sie zu Jesus gegangen und haben ihm ihre Bitte vorgetragen „Herr, lehre uns beten“. Und er hat sie gelehrt, indem er ihnen das Vaterunser gab. Das ist eigentlich eine Gebetsanleitung. Und wenn man es einmal so sieht, dann wird es einem auch heute zur Hilfe.

Denn die ersten drei Bitten weisen uns auf Gott und nachdem das klar ist, kommen wir. Wie im Aufbau der zehn Gebote. In der so genannten Ersten Tafel geht es um Gott und dann, erst in der zweiten Tafel, kommen auch wir mit unseren Problemen vor. Darin kommt die Grundauffassung der Bibel vom Menschen zum Ausdruck: Der Mensch ist Geschöpf, geschaffen und dazu bestimmt, mit seinem Schöpfer in Gemeinschaft zu leben. Es ist eine falsche Sicht, wenn man ihn isoliert, für sich nimmt und betrachtet. Der Mensch ist ein Beziehungswesen – das aber seine grundlegende Bezogenheit auf Gott immer wieder vergisst. Darum muss diese unsere schöpfungsmäßige Ausrichtung immer wieder ausgesprochen und aufgedeckt werden. Von uns aus neigen wir zum Rückzug auf uns selbst. Aber im Gebet, so wie Jesus Christus es uns gelehrt hat und wie Paulus es weiterhin erläutert, werden wir in das Gespräch, in die Gemeinschaft mit Gott hineingezogen.

Damit sind wir bei dem Stichwort, das für jede Gemeinschaft unerlässlich ist – beim Gespräch. Beten heißt mit Gott sprechen, über alles. Über meine Sachen, aber auch über seine Sachen, aber auch über andere Menschen, über alles. Und genauso wie eine Familie verfällt, wenn kein Gespräch mehr stattfindet, so verfällt auch unsere Gottesgemeinschaft, wenn das Gebet erstirbt. Und darum ist es so wichtig, dass wir zum Beten immer wieder ermahnt, aber auch eingeladen und ermuntert werden: Nicht, weil Gott auf unsere Gebete angewiesen wäre, sondern weil wir darauf angewiesen sind, zu unserer inneren und äußeren Gesundheit im Gespräch, in der täglichen Aussprache Gott zu leben. Amen.

## IV. Das Gebet der Gemeinde

**1. vor allem anderen – das Gebet (I. Tim. 2,1-6a )**

*Der Apostel schreibt:*

*„So ermahne ich nun, dass man vor allen Dingen tue Bitte, Gebet, Fürbitte und Danksagung für alle Menschen,für die Könige und für alle Obrigkeit, damit wir ein ruhiges und stilles Leben führen können in aller Frömmigkeit und Ehrbarkeit.*

*Dies ist gut und wohlgefällig vor Gott, unserem Heiland,*

*welcher will, dass allen Menschen geholfen werde und sie zur Erkenntnis der Wahrheit kommen.*

*Denn es ist ein Gott und ein Mittler zwischen Gott und den Menschen, nämlich der Mensch Christus Jesus,*

*der sich selbst gegeben hat für alle zur Erlösung."*

Liebe Gemeinde,

der erste Timotheus-Brief wird heute von der Forschung an den Anfang des zweiten Jahrhunderts gesetzt, in eine Zeit, in der sich die jungen christlichen Gemeinden gerade von dem Schock erholt hatten, den das Ausbleiben der Wiederkunft Christi verursacht hatte. Diese frühen Christen hatten erfahren müssen, dass mit der Wiederkunft des Herrn und damit verbunden mit dem Ende aller Dinge doch noch nicht so bald zu rechnen ist. Sie hatten lernen müssen, dass es noch eine Weile dauern würde, und dass es noch einen langen Weg in die Geschichte hinein geben wird. Sie mussten sich auf Dauer, auf das Bleiben in dieser Weltzeit einrichten. Das bedeutete auch, von allem Vorläufigen und Provisorischen Abschied zu nehmen und die Dinge zu ordnen – etwa das Gemeindeleben, aber auch die Beziehungen zur bürgerlichen und politischen Umwelt. Dabei kam es nun vor allem darauf an, Prioritäten zu setzen. Was soll wichtig, was sehr wichtig sein? Worauf kommt es eigentlich in der Gemeinde heute und in Zukunft an?
Hier haben wir nun den Anfang einer solchen Prioritätensetzung, wenn der Apostel sagt: „So ermahne ich nun, dass man vor allen Dingen zuerst tue Bitte, Gebet, Fürbitte und Danksagung für alle Menschen...." Es ist schon auffallend, dass der

Apostel gerade das als das wichtigste bezeichnet. Er sagt nicht, an erster Stelle hat die Mission zu stehen, die Ausbreitung des Evangeliums in die heidnische Umwelt hinein; nicht die Diakonie, obgleich doch im Neuen Testament die Nächstenliebe immer wieder eingeschärft wird; nicht der Aufbau einer bergenden Gemeinschaft, der Gemeinde Gottes, die den Menschen auch Heimat und Zufluchtstätte sein kann. Nein, an erster Stelle steht der Auftrag zum Gebet für alle Menschen. Das ist durchaus nicht selbstverständlich und wir fragen uns: Ist das Gebet denn wirklich so wichtig?

Wir werden den Apostel vielleicht besser verstehen, wenn wir uns klar machen, dass es allein das Gebet ist, das unseren Dienst in der Gemeinde und für die Welt vor Fehlentwicklungen schützen kann. Ich will jetzt gar nicht von denen sprechen, die die Menschen mit Hilfe von selbst erdachten und –ersonnenen Heilslehren, Mitteln und Methoden retten wollen. Solche Heilande und Retter hat es in allen Bereichen, vom politischen bis zum weltanschaulichen und philosophischen, immer gegeben und wird es wohl auch weiterhin geben. Ich bleibe vielmehr bei der Christenheit und erinnere nur daran, dass im Lauf der Geschichte immer wieder der Versuch gemacht worden ist, die Menschheit mit Hilfe von christlichen Ideen zu retten. Nur so ist die Inbrunst zu verstehen, mit der man die Kreuzzüge geführt hat, mit der man gegen Hexen vorging, mit der man heilige Gemeinschaften und Sekten begründete, bis zum heutigen Tag. Überall waren es im Ansatz durchaus einleuchtende, ja schöne Ideen. Aber sie haben sich oftmals verselbständigt, sind zur Herrschaft gebracht worden und waren dann wie ein  Knüppel, mit dem man die Menschen tyrannisiert hat. So ist es nicht selten dahin gekommen, dass man im Namen und im Interesse des Glaubens, der Liebe, der Kirche, der Zukunft oder des Glückes, ja der Erlösung der Menschen anders Denkende gefoltert und vernichtet hat. Ich wage sogar die Behauptung: Wahrscheinlich sind im Namen von „an sich“ sehr frommen und schönen Ideen im Lauf der Geschichte mehr Menschen terrorisiert und schließlich umgebracht worden als im Namen einfacher, unverschleierter Bosheit und Brutalität. Aber das hat einen Grund: er liegt darin, dass hier Gedanken, häufig sogar biblische Gedanken, aus ihrer Verankerung im Gebet der Gemeinde herausgerissen und verselbständigt wurden. Damit wurde das, was getan wurde, nicht mehr mit betendem Herzen getan. Damit war allem die Grundlage in Gott entzogen. Der Apostel hat darum, am Anfang der Kirchengeschichte, schon einen sehr tiefen Blick, wenn er sagt: es ist alles umsonst, es verliert seinen christlichen Boden, wenn es nicht ins Gebet gefasst ist. Ja, es kann ohne Gebet unter Umständen fürchterlich werden. Darum ermahnt er uns, bis heute gültig, das Gebet an die erste Stelle zu setzen.

Das ist aber nur ein negativer Grund. Es gibt auch einen positiven Grund. Er klingt hier an, wenn der Apostel sagt: Gott will, dass allen Menschen geholfen werde. Er hat zugleich gezeigt, wie er sich diese Hilfe vorstellt. Darum nämlich hat er Jesus Christus in die Welt gesandt. Auf ihn soll die Gemeinde hinweisen, von ihm soll sie sich Kraft holen und ihm soll sie dienen und die Ehre geben. Deshalb müssen wir immer wieder darum beten, dass wir bei ihm und seiner Wahrheit bleiben, damit wir nicht uns predigen, unsere schönen und klugen Ideen, sondern ihn, und darauf vertrauen, dass das die Rettung bringt. Damit wird aber auch verständlich, warum das Beten vor das Tun gestellt ist.

Das Beten „für alle" wird besonders zugespitzt, wenn es heißt, dass es besonders für die Könige und für die Obrigkeit geschehen soll. Damals waren damit die der Kirche durchaus nicht wohl gesonnenen römischen Kaiser gemeint. Auch für sie soll die Gemeinde beten, damit sie von Verfolgungen absehen, damit Ruhe und Frieden herrschen und so die Botschaft des Evangeliums nach und nach zu allen Menschen gebracht werden kann. „Damit wir ein ruhiges und stilles Leben führen", meint nicht bürgerliche Behaglichkeit. Es meint, dass Zeit, Ruhe, Friede gegeben sei, damit das Evangelium weiter vordringen kann. Insofern ist hier ein missionarisches Ziel ins Auge gefasst.

Wir leben heute in einer anderen Zeit. Bei uns ist die Kirche etabliert. Trotzdem können wir die, die uns regieren oder verantwortliche Ämter bekleiden, nicht ohne das Gebet der Gemeinde einfach machen lassen. Ich höre zwar immer wieder die Meinung: Ach, die da oben machen ja doch, was sie wollen. Trotz Demokratie haben wir doch nur sehr geringe Einflussmöglichkeiten. – Ich denke, wir haben sehr viele Einflussmöglichkeiten. Manchmal muss man sie allerdings suchen. Aber es gibt sie. Und: Wir haben alle die Möglichkeiten des Gebetes. Sie sollen wir wahrnehmen. Es ist sehr bedenkenswert, dass ein alter Pfarrer nach dem Zusammenbruch des Dritten Reiches gesagt haben soll: Wir haben für Hitler zu wenig gebetet. Beten, das heißt doch, dafür eintreten, dass Gott, der die Welt in seinen Händen hat, denen, die große Verantwortung tragen, Erleuchtung, Kraft, Nerven, Glauben und Geduld geben möchte. Insofern haben wir eine politische Mitverantwortung. Und ich meine: Auf geheimnisvolle Weise verändert das Gebet der Christenheit auch das geistige Klima in einem Land.

Aber gerade hier setzt auch unser Zweifel ein. Bewirkt das Beten wirklich etwas? Ist es nicht bloß ein Reden mit sich selbst? Ein frommer Selbstbetrug? Wenn ich die Bibel richtig verstehe, dann bewirkt es vor allem zweierlei. Einmal verändert es uns selbst. Beten heißt ja doch immer auch anfragen. Wir fragen bei Gott an – ist es dein Wille, wenn es dein Wille ist, dann lass es geschehen. So hat Jesus in Gethsemane gebetet: „Wenn es möglich ist, dann lass diesen Kelch an mir vorübergehen." Durch dieses Anfragen, über diesem Beten hat sich Jesus selbst verändert. Er konnte den Willen Gottes annehmen – und weitergeben, indem er nun auch, zuletzt am Kreuz, für andere betete.

Zum anderen zeigt Gethsemane aber auch, dass von Gott Kräfte ausgehen, verändernde, erleuchtende, stärkende, helfende Kräfte – in Gethsemane symbolisiert durch den Engel, der zu Christus tritt und ihn stärkt. Das zeigt, dass Beten nicht ein Reden ins Leere ist. Es gibt auch Antworten, Gott wirkt zurück. Es wird deutlich, dass das Beten nicht sinnlos ist. Im Gegenteil: Wir sollen und brauchen darin nicht zu zaghaft zu sein. Wir sollen beten. Wir sollen uns dazu ermuntern und immer wieder ermahnen lassen; so wie es hier der Anfang unseres Abschnittes zeigt: „Ich ermahne euch". Seien wir dankbar für dies Ermahnung. Sie ist ein Stück Erinnerung, Einladung zu der Gewissheit: es ist nicht umsonst. Amen.

## 2. Fürbitte für Kirche und Gemeinde (Epheser 3,14-21)

*Der Apostel schreibt:*

*Derhalben beuge ich meine Kniee vor dem Vater unsers HERRN Jesu Christi, [15] der der rechte Vater ist über alles, was da Kinder heißt im Himmel und auf Erden, [16] daß er euch Kraft gebe nach dem Reichtum seiner Herrlichkeit, stark zu werden durch seinen Geist an dem inwendigen Menschen, [17] dass Christus wohne durch den Glauben in euren Herzen und ihr durch die Liebe eingewurzelt und gegründet werdet, [18] auf daß ihr begreifen möget mit allen Heiligen, welches da sei die Breite und die Länge und die Tiefe und die Höhe; [19] auch erkennen die Liebe Christi, die doch alle Erkenntnis übertrifft, auf dass ihr erfüllt werdet mit allerlei Gottesfülle. [20] Dem aber, der überschwänglich tun kann über alles, das wir bitten oder verstehen, nach der Kraft, die da in uns wirkt, [21] dem sei Ehre in der Gemeinde, die in Christo Jesu ist, zu aller Zeit, von Ewigkeit zu Ewigkeit! Amen*

Liebe Gemeinde!

Der Sonntag Exaudi, für den dieser Predigttext vorgesehen ist, dient der Vorbereitung auf das Pfingstfest. Dafür ist nur eine sehr kurze Zeit vorgesehen, gerade mal eine Woche. Die Adventszeit, mit der wir uns auf Weihnachten einstellen, dauert vier Wochen; die Passionszeit vor Ostern sogar sechs. Das Pfingstfest steht deutlich im Schatten der beiden anderen Großfeste. Das zeigt sich auch daran, dass es für Pfingsten und die Zeit davor viel weniger Brauchtum oder volkstümliche Symbole gibt, als für Weihnachten und Ostern. Alles, was mit Pfingsten zu tun hat, leidet unter einer auffälligen Unanschaulichkeit. Umfragen in der Bevölkerung würden das bestätigen. Bei der Frage – warum feiern wir eigentlich Pfingsten? - würden viele keine zutreffende Antwort wissen.

Die Frage – wozu Pfingsten? – müssen wir uns auch selbst immer wieder stellen. Ich denke, Pfingsten ist das Familienfest der Kirchen. Alle christlichen Kirchen, die wir kennen, feiern Pfingsten. Sie erinnern an die Gründung der Ur-Kirche, damals in Jerusalem, von der wir alle herkommen. Sie erinnern daran, dass wir wie Geschwister, wie eine Familie zusammengehören. Insofern ist Pfingsten das Fest der Ökumene; ein sehr wichtiges Fest. Denn gerade diese tiefe Zusammengehörigkeit vergessen und beschädigen wir immer wieder, indem wir gern so tun, als wären wir allein die wahre, die vollkommene, die allein selig machende Kirche und alle anderen wären weniger gut und wichtig.

Zu einem Geburtstagsfest gehören die Wünsche der Gratulanten. Aber – richtig wünschen will gekonnt sein. Was wollen wir unseren Kirchen wünschen? Mehr Einfluss in der Öffentlichkeit? Weniger Austritte, viele Taufen, viele Eintritte? Es lohnt, sich anzusehen, was der Autor des Epheserbriefes seiner Gemeinde gewünscht hat. Lange hat man gemeint, dass es der Apostel Paulus selbst ist, der diese Zeilen geschrieben hat. Durch genauere Untersuchungen weiß man heute, dass der Autor sehr wahrscheinlich ein Paulusschüler gewesen ist. Er schreibt an eine Gemeinde, die inzwischen nicht mehr ganz jung ist, eine etablierte Gemeinde; für die er sich mitverantwortlich weiß, und fasst alles, was ihm wichtig ist, in ein Gebet.

Schon das ist bemerkenswert. Dieser Apostelschüler setzt nicht bei den äußeren Erscheinungen an und äußert zum Beispiel keine Wünsche für eine Verbesserung der Organisation oder der Finanzierung oder den Veranstaltungsplan. Er bittet, dass die Gemeinde mit Gottes Hilfe ein geistliches Wachstum erfahren möchte. Ganz offensichtlich ist er der Meinung, dass das das Wichtigste ist und alles andere daraus folgt, ja sich fast von allein ergibt. Hier seine Wünsche: „Stark werden durch seinen Geist (den Geist Gottes) an dem inwendigen Menschen“, „dass Christus durch den Glauben in euren Herzen wohne“, dass „ihr in der Liebe eingewurzelt und gegründet seid“, „damit ihr erfüllt werdet mit der ganzen Gottesfülle“. Das meint, dass die Gemeinde nicht stagnieren, sondern zunehmen und wachsen möchte – von innen nach außen.

Es wird gut sein, hier zunächst an den Verlauf unserer natürlichen individuellen Entwicklung zu denken. Da gibt es das allmähliche, organische, selbstverständliche Wachstum. Man wird Jahr um Jahr älter. Und mit jedem Jahrzehnt wird man auch ein bisschen verständiger. Mit vierzig Jahren sieht man viele Dinge, ja dieselben Dinge meist ganz anders als mit zwanzig. Und mit fünfzig oder sechzig wieder anders. Dann ist es mit dem Älterwerden wie mit einer Bergbesteigung. Mit jedem Schritt, den man höher kommt, wird der Ausblick umfassender. Auf diese Weise ist das Älterwerden oft ein reifer Werden. Das ist durchaus etwas Schönes. Denn im Rückblick klären sich auch viele Dinge. Sie bekommen eine andere Bedeutung. Es gibt aber auch das Wachsen durch Lebenskrisen, durch Zeiten der Unsicherheit, durch Fehler, auch durch Schuld hindurch. Wahrscheinlich sind auch solche Zeiten der Unsicherheit für unsere geistig-seelische Entwicklung notwendig. Entscheidend ist aber, dass es beim natürlich-biographischen Wachstum nicht bleibt, sondern dass wir auch geistlich, das heißt im Glauben und in der Liebe zu Gott und den Menschen zunehmen. Darum geht es hier. Es kann nicht gut sein, wenn wir uns viele Kenntnisse, viele wichtige Fertigkeiten aneignen, aber auf unserem Kinderglauben oder auf unserem Konfirmandenwissen stehen bleiben und uns in dieser Hinsicht nicht weiter entwickeln. Dann sind wir zwar geistig und in vielen weltlichen Wissensbereichen Riesen, aber in Fragen des Glaubens und der Liebe sind wir Kinder geblieben oder gar Zwerge. Darum ist es so wichtig, dass wir nicht nur älter, sondern auch weiser werden und innerlich weiterkommen.

Damit das geschieht, brauchen wir die Gemeinschaft mit Weggefährten, die Gemeinde. Dazu gehört auch die Erinnerung an Gestalten aus der Kirchengeschichte. Es kann sehr tröstlich sein, sich bewusst zu machen, dass auch große Gottesmenschen, Männer wie Frauen, durch Tiefen und schwere Zeiten gehen mussten. Ich denke hier nur an Petrus oder Paulus oder an Augustin, an Luther oder Bonhoeffer und daran, wie sie ihre Anfechtungen durchgestanden haben.

Wir brauchen das Wort. Dabei denke ich vor allem an einzelne Geschichten oder Sprüche aus der Bibel oder auch Verse aus dem Gesangbuch, die wir uns einprägen, immer wieder aufsagen, mit denen wir leben – so wie es von Maria, der Mutter Jesu in der Weihnachtsgeschichte heißt: „Maria aber behielt alle diese Worte und bewegte sie in ihrem Herzen“ (Lk.2, 19).

Wir brauchen aber auch Praxis. Glauben und Liebe zu Gott und den Menschen wollen praktiziert, gelebt, im Alltag umgesetzt werden. Die Erfolge und die Misserfolge, die Fortschritte und die Niederlagen, die wir dabei erleben, dieser tag-täglich Kampf ist dann zugleich ein starker Anstoß zum Beten; eben weil wir merken, wir brauchen die Gemeinde, das Wort, die Praxis – aber über dem allen Gott selbst.

Doch noch einmal zurück zum Epheserbrief. Ich denke, dass die Bitte des Apostels um Stärkung des inneren Wachstums nicht nur auf einzelne Gemeindemitglieder zu beziehen ist, sondern auch einen gesamtkirchlichen Bezug hat. So ist sein Anliegen ja auch verstanden und umgesetzt worden, indem der Epheserbrief dem Neuen Testament eingegliedert und damit der Gesamtkirche zugänglich gemacht worden ist. So ist er auch auf uns gekommen. Und so kann er uns auch helfen, den für den heutigen Sonntag angesetzten "Bittgottesdienst für die Einheit der Kirche" in ökumenischem Geist zu gestalten. Wir sind dankbar, dass sich die Beziehungen zur katholischen Kirche hier in Deutschland seit den 1970er Jahren sehr deutlich verbessert haben. Aber das ist doch eben nur ein kleiner Ausschnitt aus der Ökumene, in der wir weltweit stehen. Und da fällt es gerade uns Deutschen schwer, wirklich ökumenisch zu leben und zu fühlen. Ein Beispiel:

Als vor einiger Zeit eine Delegation von evangelischen Chinesen die Bundesrepublik besuchte, gab es lange Aussprachen und gegenseitige Erklärungen. Am Ende dieser Zeit fragten die chinesischen Brüder: "Was können wir für Euch tun?". Bei den Deutschen rief das eine bemerkenswerte Ratlosigkeit hervor. Was können Chinesen für uns tun? Wir sind es gewohnt, dass die anderen von uns etwas wollen, - in der Regel Geld oder Theologie oder Entwicklungshelfer, die sie weiter bringen. Auf die Idee, dass es nicht gesund sein kann, wenn am Leibe Christi die einen immer nur geben und die anderen immer nur nehmen, kommen wir manchmal gar nicht. Das ist für uns viel zu selbstverständlich geworden. Dabei könnten die jungen Kirchen, könnten auch die Chinesen, gerade für uns viel tun. Denn wir haben zwar große Kirchengebäude, wir haben erstklassige, geschulte Theologen, wir haben eine lange Tradition, - aber wir haben auch viel Erstarrung. Oft ist das Leben, das geistliche Leben in den jungen Kirchen viel intensiver, fröhlicher, offener, vitaler als bei uns, so dass man den Eindruck hat, wir sollten nehmen, von ihnen nehmen und dankbar sein, wenn sie uns nicht abschreiben, sondern für uns beten und uns in den geistlichen Kreislauf, in die Gemeinschaft des Leibes Christi aufnehmen: „Was können wir für euch tun?" Wir sollten dankbar und froh sein, wenn wir aus dieser Einbahnstraße herauskommen, zugleich aber auch sehen, dass wir in einer weltweiten Bruderschaft stehen und dass es eine große Freude ist, dass es Kirchen gibt, die uns von ihrem Reichtum abgeben wollen.

Die Vorbereitung auf Pfingsten schließt beides zusammen: Die Bitte, dass Gottes Kraft und Geist zu einem jeden von uns kommen möchte und uns helfen, dass wir im Glauben und in der Liebe zu Gott und den Menschen wachsen, aber auch die Bitte, dass wir als Einzelne und als Gemeinde weiter hineinwachsen in die Bruderschaft der Ökumene, dass wir uns nicht selbstgenügsam isolieren, sondern mit den anderen geistlich verbunden wissen.

Alles zusammen aber will der Apostel ausgerichtet sehen auf das Lob Gottes. „Dem aber, der überschwänglich tun kann über alles hinaus, was wir bitten oder verstehen, nach der Kraft, die in uns wirkt, dem sei Ehre in der Gemeinde und in Christus Jesus zu aller Zeit, von Ewigkeit zu Ewigkeit!" Das heißt, wir bitten und hoffen, dass der Geist von Pfingsten uns aus unseren Selbstgenügsamkeiten, aus unseren Selbstumkreisungen und unserem Egoismus herausreißen möchte, um uns frei zu machen zum Lobpreis Gottes. Denn all unser Wachstum soll nicht auf sich selbst sitzen bleiben oder nur sich selbst nützen, in geistlicher Selbstzufriedenheit, sondern es soll uns hineinstellen in die Schar derer, die über sich hinaus sehen und Gott die Ehre geben und ihn loben und preisen. Amen.

## 3. Das Gebet in der Seelsorge (Jak. 5,13-16)

Liebe Gemeinde,

der heutige Sonntag ist dem Thema „Vom Umgang mit Kranken und Krankheit" gewidmet. In allen Predigttexten findet sich ein Bezug zu diesem Thema, auch in unserm heutigen. Er steht im Jakobus-Brief 5, 13-16

*Leidet jemand unter euch, der bete; ist jemand guten Mutes, der singe Psalmen. Ist jemand unter euch krank, der rufe zu sich die Ältesten der Gemeinde, dass sie über ihm beten und ihn salben mit dem Öl in dem Namen des Herrn. Und das Gebet des Glaubens wird dem Kranken helfen, und der Herr wird ihn aufrichten; und wenn er Sünden getan hat, wird ihm vergeben werden. Bekennt also einander eure Sünden und betet füreinander, dass ihr gesund werdet. Des Gerechten Gebet vermag viel, wenn es ernstlich ist.*

Die Situation damals war in zwei Punkten deutlich anders als heute

a. Die Gemeinden waren noch sehr klein, jeder kannte jeden, kleine Gruppen in einer heidnischen Umgebung.
b. Es gab noch nicht unsere heutige wissenschaftliche Medizin mit Kliniken und Apparaten. Die Kranken lagen zu Hause und wurden von ihren Angehörigen betreut. Es war alles kleiner, persönlicher.

Wenn man sich das klar macht, müssen wir die Frage stellen: Können diese Ratschläge des Apostels aus dieser fernen, anderen Zeit uns heute noch etwas sagen oder wieder etwas sagen? Drei Gedanken scheinen mir in der Tat wichtig:
I. „Leidet jemand unter euch, der bete; ist jemand guten Mutes, der singe Psalmen".
Was damit gemeint ist, hat der Apostel Paulus in den kurzen Satz gefasst „Betet ohne Unterlass" (I. Thess. 5, 17). Das heißt, betet nicht erst, wenn ihr krank seid oder wenn ihr Sorgen habt; nein, bleibt mit Gott im Gespräch, immer, lasst das Gespräch mit Gott nicht abreißen – Freude, Leid, Hoffnung, Dank, Ratlosigkeit – alles dürfen wir vor Gott bringen.
Wir sollen uns auch nicht entmutigen lassen durch den Einwurf: Hört da überhaupt einer? Hört Gott, der Herr des Universums, auf mich kleinen Menschen unter Milliarden von Bewohnern dieser Erde? Ich denke, er hört – aber ich kann niemandem erklären, wie er hört. Ich kann es deshalb nicht erklären, weil wir die Wahrnehmungen Gottes überhaupt nicht kennen. Dass er Ohren, Augen, Hände, Füße hat, dass er eine Nase hat, mit der er riechen kann, sind Vorstellungen, die Menschen sich gemacht haben. Es sind Notbehelfe, Nachbildungen von unseren Ausstattungen, aber dass Gott wirklich so hört, wie wir uns das leicht und gern

vorstellen, ist überhaupt nicht sicher. Sicher aber ist, dass er hört, wie – lassen wir offen. Und dass er hört, sollen wir fest glauben.

Aber wenn wir auch glauben, dass er hört, können wir ebenfalls nicht sagen, dass er uns erhört und tut, was wir gern hätten. Er tut es, aber dann und so, wie es ihm gut scheint. Darum: Haltet an am Gebet!

II. „Ist jemand unter euch krank, der rufe zu sich die Ältesten der Gemeinde, dass sie über ihm beten [...]". An diesem Rat möchte ich besonders unterstreichen, dass die Initiative zum gemeinsamen Gebet vom Kranken ausgehen muss. Er, der Kranke, muss es wollen und wünschen. Als Kranker, ich habe das selbst erlebt, ist es nicht immer angenehm und hilfreich, wenn da Mitglieder des Kirchenvorstandes kommen und wollen mit einem beten. Als Kranker ist man wehrlos. Man ist angebunden und ausgeliefert. Es macht keine Freude für die Kranken, ihnen ein Gebet aufzuzwingen. Besser ist es, wenn der Kranke darum bittet; dann allerdings sollten wir auch kräftig für ihn und mit ihm beten.

Immer aber können und sollen wir füreinander beten. Dieses Gebet ändert viel, zunächst schon einmal uns selbst. Es stimmt uns ein – und gibt unserem Reden, unseren Besuchen eine geistliche Qualität.

Die Einbeziehung der Gemeinde bleibt trotzdem ein Thema, ein Thema auch für unsere heutigen Gemeinden. So wäre es durchaus sinnvoll, wenn wir vor dem Gottesdienst dem Pfarrer einen Zettel mit Hinweisen auf Kranke, auch auf Gesundungen geben würden und nicht nur, wie es heute üblich ist, allein für die Angehörigen unserer Verstorbenen beten. Krankheit ist auch eine gemeinsame Sache, die Freude über die Heilung aber auch.

III. „Bekennt [...] einander eure Sünden". Um den Zusammenhang von Krankheit und Sünde, Sünde und Vergebung geht es auch im Evangelium des heutigen Sonntags (Mk. 2,1-12). Dieser Zusammenhang mag manchen Menschen nicht einleuchten oder als theologische Ansicht überwundener Stufen der menschlichen Entwicklung erscheinen. Das ist es aber nicht. Der Zusammenhang von Sünde und Krankheit ist heute wieder ein hochaktuelles Thema bis in die Gesundheitsreform hinein, nur nennt man es meist nicht so.

Aber es ist doch nicht zu übersehen, dass es z. B. Krankheiten gibt, die aus einem falschen Lebensstil hervorgehen. Wer jahrelang seinen Körper ausbeutet, die Signale überhört, über seine Kräfte lebt, - aus welchen Gründen auch immer „versündigt sich" gegen sich selbst. Dahinter stecken häufig Ehrgeiz, Geldgier,

Machtstreben, nicht nur bei Sportlern (Doping), aber auch Schwächen, denken Sie an das Rauchen. Es gibt viele Möglichkeiten, damit auch andere zu schädigen. Familien können zerbrechen, Ehen kaputt gehen, Kinder entwurzelt werden. Die Schäden können riesig sein. Hier sich zu besinnen, allein oder durch das Gespräch mit Freunden, kann dazu führen, dass Krankheit als Chance zur Umkehr, zum Neuanfang, zum Überdenken der Prioritäten führt und daraus folgend zu einer gesunden Lebensweise. Diese aber ist nicht nur eine medizinische Sache, sondern hier geht es um die Einordnung der ganzen Person in das Reich Gottes. Das Reich Gottes aber ist dort, wo Gott der Herr ist, wo oben und unten, wo die Prioritäten klar sind. Hier kann dann, im Angesicht Gottes, die Frage gestellt werden – was will Gott von mir? Warum hat er mich geschaffen? Will er wirklich, dass ich mich zu Tode hetze? Hier sind ungekannte und ungenutzte Möglichkeiten, einen falschen Lebenswandel zu beenden und mit Gottes Hilfe neu anzufangen. Amen

**Nachwort**

Wie ein solcher Neuanfang aussehen kann, zeigt das Gebet einer geheilten Frau. Es stammt von der Sopranistin Elisabeth Whitehouse. Sie hat diesen Wandlungsprozess am eigenen Leibe erlebt und dieses Bekenntnis abgelegt:

„Ich bat um Kraft, um durchhalten zu können; ich wurde schwach, um demütig gehorchen zu können.
Ich bat um Gesundheit, um größere Dinge tun zu können; ich wurde krank, um bessere Dinge tun zu können.
Ich bat um Reichtum, um glücklich zu werden; ich wurde arm, um weise zu werden.
Ich bat um Macht, um von den Menschen geachtet zu werden; ich wurde kraftlos, damit ich fühle, dass ich Gott brauche.
Ich bat um alles, um das Leben zu genießen; ich empfing das Leben, um alles genießen zu können.
Ich erhielt nichts von all dem, um was ich bat – aber alles, worauf ich gehofft hatte.
Trotz – trotz meiner selbst – wurden meine unausgesprochenen Gebete erhört.
Ich bin der gesegnetste unter allen Menschen – Amen“.

## V. Wunder gibt es immer wieder

## 1. Hoffen wider den Augenschein (Johannes 5,1-16)

*Der Evangelist schreibt:*

*„1 Darnach war ein Fest der Juden, und Jesus zog hinauf gen Jerusalem 2 Es ist aber*
*zu Jerusalem bei dem Schaftor ein Teich, der heißt auf hebräisch Bethesda und hat*
*fünf Hallen, 3 in welchem lagen viele Kranke, Blinde, Lahme, Verdorrte, die warteten,*
*wann sich das Wasser bewegte. 4 (Denn ein Engel fuhr herab zu seiner Zeit in den*
*Teich und bewegte das Wasser.) Welcher nun zuerst, nachdem das Wasser bewegt*
*war, hinein stieg, der ward gesund, mit welcherlei Seuche er behaftet war.*
*5 Es war aber ein Mensch daselbst, achtunddreißig Jahre lang krank gelegen. 6 Da*
*Jesus ihn sah liegen und vernahm, dass er so lange gelegen hatte, spricht er zu ihm:*
*Willst du gesund werden? 7 Der Kranke antwortete ihm: HERR, ich habe keinen*
*Menschen, wenn das Wasser sich bewegt, der mich in den Teich lasse; und wenn*
*ich komme, so steigt ein anderer vor mir hinein. 8 Jesus spricht zu ihm: Stehe auf,*
*nimm dein Bett und gehe hin! 9 Und alsbald ward der Mensch gesund und nahm sein*
*Bett und ging hin. Es war aber desselben Tages der Sabbat. 10 Da sprachen die*
*Juden zu dem, der geheilt worden war: Es ist heute Sabbat; es ziemt dir nicht, das*
*Bett zu tragen. 11 Er antwortete ihnen: Der mich gesund machte, der sprach zu mir:*
*"Nimm dein Bett und gehe hin!" 12 Da fragten sie ihn: Wer ist der Mensch, der zu dir*
*gesagt hat: "Nimm dein Bett und gehe hin!"? 13 Der aber geheilt worden war, wusste*
*nicht, wer es war; denn Jesus war gewichen, da so viel Volks an dem Ort war.*
*14 Darnach fand ihn Jesus im Tempel und sprach zu ihm: Siehe zu, du bist gesund*
*geworden; sündige hinfort nicht mehr, dass dir nicht etwas Ärgeres widerfahre. 15 Der*
*Mensch ging hin und verkündete es den Juden, es sei Jesus, der ihn gesund*
*gemacht habe. 16 Darum verfolgten die Juden Jesum und suchten ihn zu töten, dass*
*er solches getan hatte am Sabbat.“*

Liebe Gemeinde!

An den Wundergeschichten haben die Menschen immer Anstoß genommen. Da gibt es Ratlose, die sagen: Wunder kann ich mir einfach nicht vorstellen. Ich komme damit nicht zurecht. Ich weiß nicht, was ich davon halten soll. Da gibt es Gutwillige, die meinen: Ich möchte schon gern an Wunder glauben, - wenn ich nur wüsste, ob das alles stimmt. Sind das nicht Märchen, fromme Erfindungen, Legenden? Macht man sich nicht selbst zum Dummen, wenn man so etwas für bare Münze nimmt? Da gibt es Entschlossene, die erklären: Ich glaube nur, was ich sehe. Wunder habe ich noch nicht gesehen. Also, was soll`s? Und da gibt es Böswillige, die wissen, was Wunder sind: Lügen, die sich schlaue Priester und Pfaffen ausgedacht haben, um die Leute zu verdummen und sich an der Macht zu halten. Wunder sind Opium fürs Volk, Priesterbetrug.

Nun haben die Pfarrer seit Jahrhunderten versucht, die Wunder zu „erklären". Dahinter steckte durchaus auch ein persönliches Interesse. Sie wollten sie ja gern auch selbst verstehen. Und so haben sie viele Predigten gehalten und viele Bücher geschrieben und es immer wieder versucht – aber so ganz ist es ihnen nie gelungen. Die Wunder blieben sperrig, nie ganz erklärbar, rätselhaft.

Ich möchte heute anhand dieser Wundergeschichte drei Überlegungen anstellen:

I. Stellen wir uns vor, wir würden aus allen diesen Bemühungen ein Fazit ziehen und sagen: Wir verstehen die Wunder doch nicht, also schneiden wir sie aus dem Neuen Testament heraus und verzichten auf diesen Teil der Bibel und des Glaubens. Was wäre dann?

Hören wir diese Geschichte einmal ohne Wunder: Da ist einer krank. Und weil er krank ist, ist er für die Menschen uninteressant. Seine Eltern sterben. Er kommt in ein Heim. Dort dämmert er vor sich hin. Die Heimleitung erklärt: „Er hat keinen Menschen". So wird er halt durchgefüttert, ohne Perspektive, keiner fragt nach ihm, niemand bemerkt ihn. So geht es ja durchaus manchen Menschen in unseren Heimen, aber auch in freien Wohnbereichen: „Ich habe keinen Menschen". Das ist das Leben eines solchen Kranken ohne Wunder.

Aber nun zeigt dieser Kranke in unserer Geschichte eine bemerkenswerte Inkonsequenz. Er kennt seinen Zustand, aber er verkriecht sich nicht, sondern legt sich an diesen Teich Betesda, obgleich er weiß, dass er niemals als erster in das Wasser einsteigen wird. Wider alle Erfahrung, wider alle klare Einschätzung der Situation bleibt er dort und wartet – worauf?

Jesus fragt es aus ihm heraus: „Willst du gesund werden?" Damit wird die heimliche Inkonsequenz dieses Mannes ans Licht gezogen: Er will gesund werden, aber wie? Er weiß es nicht. Er hofft. Letztlich hofft dieser Kranke auf ein Wunder. Er wäre nicht lebensfähig, wenn er diese geheime, inkonsequente, unlogische Hoffnung nicht hätte.

Nehmen Sie ein anderes Beispiel: Als Jesus gestorben war, durften ihn seine Angehörigen gerade noch in ein Grab legen. Dann wurde ein großer Stein davor gewälzt. Dieser Stein erhielt ein Siegel. Und das alles bewachten Soldaten. Er war nicht nur tot. Er war auch eingeschlossen und militärisch bewacht. Und nun geschieht etwas ebenfalls ganz Unlogisch-Inkonsequentes: Drei Frauen kaufen Salben, geben sehr viel Geld dafür aus und machen sich auf den Weg zu dem verschlossenen und bewachten Grab. Sie sagen es selbst: Wer wird uns den Stein von der Tür des Grabes wegwälzen? Vernünftig wäre es, sich erst einmal ruhig zu verhalten, das Geld zusammenzuhalten und abzuwarten, wie sich die Dinge entwickeln.

Beide Geschichten zeigen dasselbe: Wir Menschen sind gar nicht so rational, wie wir gern meinen. Wir sind so sehr auf Hoffnung, auch nicht begründbare Hoffnung angelegt, dass wir ohne diese Ausrichtung gar nicht leben könnten. Ohne diese weithin irrationale Hoffnung würden wir vor jeder geschlossenen Tür kapitulieren, vor jedem verschlossenen Grab resignieren. Unbewusst - bewusst erwarten wir – wie dieser Kranke in Bethesda und wie die Osterfrauen -, dass irgendetwas geschieht, das die Situation auf wunderbare Weise verändert.

II. Die Wunder des Neuen Testamentes sollen/wollen gar nicht verstanden, begriffen, erklärt werden. Sie wollen herausfordern. Sie sind Provokationen, die uns daran erinnern wollen: Bei Gott ist vieles möglich. Er ist größer und geheimnisvoller als unser Verstand es zu denken vermag und vielfältiger in seinen Bezeugungen als unsere Erfahrung sich das träumen lassen kann. Die Wunder der Bibel sind Ausdruck und Zeichen der grenzenlosen Freundlichkeit und Souveränität Gottes. Sie sagen: Es muss nicht sein, dass einem, der krank ist und keinen Menschen hat, niemals geholfen wird. Es muss nicht sein, dass eine verschlossene Tür, ein verschlossenes Grab für immer verschlossen sein müssen. Es muss überhaupt nicht sein, dass alles so ist und so bleibt wie es ist. Die Wundergeschichten wollen zur Hoffnung auf Gott ermutigen und zum Beten locken.

Umfragen zeigen, dass sehr viele Menschen beten; viel mehr als in die Kirche gehen. Die meisten beten in Angst oder in Sorgen um die Kinder, den Partner, Verwandte, Freunde. Die Bitte, Gott möchte eingreifen und helfen, ist im Kern jedes Mal die Bitte um ein Wunder. Es ist oft die letzte Tür, an die wir noch klopfen, wenn alle anderen Möglichkeiten nicht mehr greifen. Viele haben erfahren, dass Gott ihnen tatsächlich geholfen hat, häufig ganz anders als sie es sich gedacht hatten. Es gibt Menschen, die nur darauf ihre Genesung oder ihre Rettung bei einem Unfall oder ihre Rückkehr aus der Kriegsgefangenschaft oder ihr hohes Alter in gefährlicher Zeit zurückführen:

„Bis hierher hat mich Gott gebracht durch seine große Güte“ sagt unser Gesangbuch (EG 329). „Wunder gibt es immer wieder“, sang Katja Ebstein 1970 und sprach damit vielen aus dem Herzen. .

Die Provokation liegt schon in der Frage „Willst du gesund werden?“. Sie klingt fast wie Hohn. Denn dieser Mann ist – wie alle, die dort sind - aus diesem einzigen Grunde da. Natürlich will er gesund werden. Durch diese Frage aber will Jesus diesen Kranken in Bethesda dahin bringen, dass er ihm seine Not schildert und klagt, dass er mit Jesus, zu Jesus über seine Krankheit spricht. Das tut der Mann dann auch. Und es wird deutlich: Diese Heilung ist eine Gebetserhörung; Antwort auf ein Gebet, zu dem Jesus den Kranken selbst ermutigt hat - so wie er mit diesem Beispiel alle, die das hören, ermutigen will.

III. Die sehr interessante, häufig diskutierte Frage, was von den von Gott nicht erhörten, was von den tatsächlich oder nur scheinbar erfolglosen Gebeten zu halten ist, wird hier nicht erörtert. Stattdessen ist in der Fortsetzung dieser Geschichte die Frage nach unseren Reaktionen auf Gottes Wunder gestellt. Oben haben wir gesagt, insgeheim warten wir auf Wunder und geben die Hoffnung auf eine wunderbare Fügung unserer Dinge nie auf. Jetzt ist ein Wunder geschehen. Der Kranke vom Teich Bethesda kann gehen. Die natürliche, „normale“ Reaktion wäre Freude, helle Freude „Dass es so etwas gibt!“ und zwar auf allen Seiten – von den Angehörigen bis zu den Ärzten, unter Einschluss der Schriftgelehrten. Aber diese normale Reaktion tritt nicht ein. Pharisäer und Schriftgelehrte machen Jesus den Vorwurf: Das darf nicht sein. Am Sabbat darf man nicht arbeiten und darum auch keine Wunder tun. Und der Geheilte darf sein Bett auch nicht herumtragen. Das ist gegen die Ordnung, gegen das Gebot, es ist gegen Gott. So werden Tradition, Scharfsinn, Theologie aufgeboten, um zu beweisen, dass ein solches Wunder nicht sein darf, obgleich es doch in unserem tiefsten Interesse liegt, dass Gottes Größe und Freiheit Grenzen jeder Art überwinden kann und tatsächlich überwindet, um uns zu helfen.

Nach Auffassung des Evangelisten Johannes weist diese eigentlich nicht normale Reaktion auf eine tiefer liegende Störung unseres Verhältnisses zu Gott hin. Was hier als Reaktion auf einen Einzelfall, auf ein einzelnes Wunder Jesu Christi greifbar wird, ist nur ein Ausschnitt aus der Reaktion auf das große Geschenk, das Gott der Menschheit mit der Sendung des Sohnes gemacht hat. Eigentlich entspricht diese Sendung und das, was der Sohn uns bringt, den tiefsten Bedürfnissen, der Sehnsucht und Hoffnung der Menschheit. Eigentlich müsste die Menschheit sich freuen, jubeln über das Wunder Gottes, das Jesus Christus heißt – so wie die Engel in der Weihnachtsgeschichte gejubelt haben. Aber nein, da wird nach Gründen gesucht, um das Wunder klein zu reden und sich dem Anspruch des Sohnes entziehen zu können. Der Evangelist weiß darauf nur eine Antwort: Die Menschen sind verblendet. Sie sehen nicht, was ihnen wirklich zum Frieden dient. „Er (Jesus Christus) war in der Welt [...], aber die Welt erkannte ihn nicht" (Joh. 1,10). Oder noch schärfer: Sie wollte ihn nicht (an)erkennen. Unter diesem Vorzeichen gesehen, ist der Rückgriff auf das Sabbatgebot nur eine Ausrede, um nicht an Jesus Christus glauben zu müssen.

Wir sollten unsere Ausreden überprüfen und durchschauen lernen. Sie halten uns im Vorläufigen fest, in der Not tragen sie nicht. Vielmehr führen sie zu einer missvergnügten Verkniffenheit, die sich aus Freudlosigkeit und innerer Unfreiheit speist. Der Kranke von Bethesda wusste es besser. Er hatte keine Vorurteile und hat sich in seiner Verlassenheit auf Jesu Angebot unverkrampft, normal, seiner Bedürftigkeit entsprechend, eingelassen. Er ist reich belohnt worden. Wenn wir uns mit jemandem in dieser Geschichte identifizieren wollen, dann mit ihm.

Aber da ist noch eine Frage: Was ist mit den vielen anderen Kranken um den Teich Bethesda, ja in der Welt bis heute, die nicht geheilt wurden? Die Wunder, die damals wie heute geschehen sind, weisen hin auf die großen, weithin noch gar nicht ausgenutzten Möglichkeiten Gottes. Seit den Propheten des Alten Testamentes haben die Frommen auf dieses Potential gehofft und darauf gewartet, dass es zur Auswirkung kommt. Wenn es dazu kommt, werden alle gesund werden. Dann ist das Reich Gottes für alle sichtbar da. Das ist die große Perspektive, in der wir leben. Darum hatten die frühen Christen recht, wenn sie sagten: Dann wollen wir auch den Sabbat nicht mehr halten. Wir wollen diese Lebensperspektive unterstreichen, indem wir unsere Woche mit dem Sonntag beginnen lassen, dem Tag des Wunders der Auferstehung und der Hoffnung auf die Vollendung.

Eigentlich ist es schade, dass diese schöne Wundergeschichte ohne Dank und ohne Jubel-Schluss-Chor endet. Sie endet eher traurig, mit dem Verfolgungsbeschluss der Schriftgelehrten. Dies aber nur, weil der Geheilte aus dem Blick gekommen ist. Der Evangelist Johannes wird erlauben, dass wir am Ende diesen Gesundgewordenen noch einmal besonders hervorheben und dankbar einstimmen in das Lob Gottes, das seitdem er und viele andere bis in unsere Zeiten gesungen haben, weil sie die Wunder Gottes in ihrem Leben vielfältig erfahren haben. Amen

## 2. „Mein Herz ist fröhlich in dem Herrn“ (1. Samuel 2, 1 - 2 + 6 – 8)

*Predigttext*

*[1]. Und Hanna betete und sprach: Mein Herz ist fröhlich in dem Herrn, mein Haupt ist erhöht in dem Herrn. Mein Mund hat sich weit aufgetan wider meine Feinde, denn ich freue mich deines Heils.*

*[2]. Es ist niemand heilig wie der Herr, außer dir ist keiner, und ist kein Fels, wie unser Gott ist.*

. ..

*[6]. Der Herr tötet und macht lebendig, führt hinab zu den Toten und wieder herauf.*

*[7]. Der Herr macht arm und macht reich; er erniedrigt und erhöht.*

*[8]. Er hebt auf den Dürftigen aus dem Staub und erhöht den Armen aus der Asche, dass er ihn setze unter die Fürsten und den Thron der Ehre erben lasse.*

Liebe Gemeinde,

Der Lobgesang der Maria, das so genannte Magnifikat, am Anfang des Lukasevangeliums (Kap. 1, 46-55) gehört zu den bekanntesten Gebeten der Bibel, ja der Weltgebetsliteratur überhaupt. Es ist gesprochen von Maria, der Mutter Jesu, nachdem ihr von einem Engel gesagt und durch Elisabeth, die Mutter von Johannes dem Täufer, bestätigt worden ist, dass sie einen Sohn, diesen ganz besonderen Sohn, bekommen wird. Ihre Freude und ihren Dank, ihr Staunen darüber, dass Gott gerade sie trotz ihrer „Niedrigkeit" dafür ausersehen hat, findet in diesem Psalm einen sehr innigen und ergreifenden, aber zugleich auch jubelnden Ausdruck. Ihre Empfindungen sind so ausgedrückt, dass sich auch der heutige Leser angesprochen, erhoben, hineingezogen fühlt in die große Freude an Gott: „Meine Seele erhebt den Herrn, und mein Geist freuet sich Gottes, meines Heilandes".

Im Unterschied dazu könnte man unsern heutigen Predigttext ´das Magnifikat des Alten Testaments` nennen. Nicht nur dass die Situation sehr ähnlich ist: Hanna, eine junge Frau, hat sehr unter ihrer Kinderlosigkeit gelitten. Im Altertum bedeutete das eine schwere gesellschaftliche Diskriminierung. Eine kinderlose Frau galt als nicht gesegnet. Auch musste sie fürchten, die Liebe ihres Mannes Elkana zu verlieren. Bei Hanna hatte sich dieser ganze Komplex schon zu einem schweren Problem bis hin zu Depressionen verdichtet. Sie fragte sich immer wieder, warum Gott gerade ihr ein so schweres Schicksal auferlegt. In ihrer Verzweiflung ging sie in den Tempel in Silo. Der amtierende Priester Eli prophezeite ihr, dass ihr Gebet erhört würde. Tatsächlich bekam Hanna einen Sohn. Sie nannte ihn Samuel, das heißt „Gott hört". Der Dank und die Freude, der Jubel über die wunderbare Erhörung ihres Gebetes sprechen sich in diesem Psalm aus. "Und Hanna betete und sprach: Mein Herz ist fröhlich in dem Herrn, mein Haupt ist erhöht in dem Herrn. Mein Mund hat sich weit aufgetan wider meine Feinde, denn ich freue mich deines Heils."

Zwischen diesen beiden Lobgesängen gibt es aber auch starke inhaltliche Ähnlichkeiten. Während Maria die Barmherzigkeit Gottes rühmt, mit der er sie auserwählt und „große Dinge an mir getan" hat, spricht Hanna davon, dass es allein Gottes wunderbares Eingreifen war, das ihr die Ehre vor den Menschen wiedergegeben und gesichert hat: „Er hebt auf den Dürftigen aus dem Staub und erhöht den Armen aus der Asche, dass er ihn setze unter die Fürsten und den Thron der Ehre erben lasse".

Durch diese Erfahrung ist den beiden Frauen klar geworden, wer die Welt wirklich regiert; nicht irgendwelche Menschen, die sich groß und wichtig machen. Nein, die wahre Macht liegt hinter den Dingen, verborgen, bei Gott und gegen ihn kann sich kein Mensch behaupten. „Er stößt die Gewaltigen vom Stuhl und erhebt die Niedrigen" singt Maria. „Der Herr macht arm und macht reich; er erniedrigt und erhöht" bekennt Hanna.

Damit kommt eine Problematik in den Blick, der ich in der Seelsorge verschiedentlich begegnet bin. In diesem Fall würde sie in die Frage einmünden, wie bringen wir den Kummer vieler Frauen, die gern Kinder hätten, aber nicht bekommen; oder den Kummer von Eltern, deren Kinder nicht überleben und sterben, oder den Kummer von Eltern Drogensüchtiger Kinder und viele andere schwere Schicksale zusammen mit dem Glück der Beschenkten, mit ihrer Freude und ihrem Jubel? Wir können das auch an biblischen Beispielen zeigen: Kurz nach der Geburt Jesu veranstaltete der König Herodes den Kindermord in Bethlehem. Das Jesus-Kind wurde gerettet aufgrund eines Rates, den Joseph, der Vater, von einem Engel im Traum erhalten hat. Wir freuen uns natürlich über die Rettung des Jesus-Kindes damals durch die Flucht nach Ägypten. Aber was sagen wir den Eltern, deren Kinder damals nicht gerettet und von den Leuten des Herodes umgebracht worden sind? Und was sagt Hanna den Frauen in ihrer Verwandtschaft oder Freundschaft, deren Bitten um Kinder von Gott nicht erhört wurden?

Hier stoßen wir auf eine Frage, die wir letztlich nie ganz schlüssig beantworten können. Es sollte aber klar sein, dass es keine Lösung wäre, wenn wir uns aufgrund solcher Überlegungen oder aus Solidarität mit den weniger Glücklichen nur noch mit schlechtem Gewissen freuen. Wir sollten uns vielmehr – genau wie es hier von Hanna und Maria getan wird – auch angesichts der ungelösten Probleme der Welt, wenn wir Grund haben, wirklich freuen. Wir müssen uns ja nicht gerade als Angeber profilieren und unsere Mitmenschen durch mangelnde Sensibilität provozieren. Aber freuen sollten wir uns und danken und Gott loben, – weil wir Gott die Ehre geben und weil wir tatsächlich für alle Schwierigkeiten, die es in der Welt gibt, gar nicht verantwortlich sind.

Vielmehr sollten wir uns selbstkritisch klar machen, dass hinter unserem Verantwortungsgefühl angesichts der Leiden, der Unvollkommenheiten und der Ungerechtigkeit des Lebens nicht selten auch eine ganze Portion Hochmut steht. Als ob wir diese Probleme überhaupt lösen zu könnten. Wir haben dieses Elend nicht verschuldet und wir können es auch nicht beseitigen. Zu unserer Menschlichkeit gehört wesentlich die Akzeptanz unserer Begrenztheit. Die Bibel nennt das Demut. Das Gefühl der Zuständigkeit und der Verantwortlichkeit für alles ist maßlos, übermenschlich und nicht das, was Gott bei der Schöpfung offensichtlich wollte. Der Kirchenliderdichter Paul Gerhardt hat diese Gedanken einmal sehr schön auf den Punkt gebracht, als er sagte: „Bist du doch nicht Regente, der alles führen soll. Gott sitzt im Regimente und führet alles wohl“ (EG 361, 7).

Wie „wohl“ Gott die Dinge führt, können wir freilich oft nicht überblicken. Grundsätzlich werden wir uns zu der Einsicht bekennen müssen, dass wir nur sehr wenig wissen und wirklich verstehen. Das meiste im Leben verstehen wir nicht. Wir leben aber und überleben, weil wir aus dem Grundvertrauen des Glaubens schöpfen und darum vieles einfach offen lassen, in den Händen Gottes lassen können. Dort hat es seinen Platz. Von Hanna und Maria aber werden wir lernen, dass es keine Missachtung des Leides anderer Menschen, keine Verletzung der Nächstenliebe bedeutet, wenn wir uns über das Gute, das Gott uns schenkt, herzhaft freuen und ihm dafür aufrichtig danken. Das, was wir für die nicht Glücklichen und Bedürftigen tun sollen, ist, dass wir ihnen, wenn möglich, helfen und für sie beten. Das heißt: Für die Minderung des Leides können und sollen wir neben den praktischen Hilfen, die wir tun können, in der Fürbitte vor Gott eintreten. Das gilt dann über die Minderung hinaus auch für die endgültige Beseitigung des Leides, der Tränen, des Unrechtes am Ende der Zeit. Aber das ist ein anderes Thema. Darum geht es jedes Mal, wenn wir die zweite Bitte des Vaterunsers aussprechen: „Dein Reich komme". Amen

**3. Meditation: „Ich glaube an Gott, ...., den Allmächtigen...."**

**- Glaubensbekenntnis, Erster Artikel -**

Liebe Gemeinde!
Vor der Allmacht Gottes kann der Mensch eigentlich nur niederknien und anbeten, - so wie es der Beter des 150. Psalms, dieses gewaltigen Lobgesanges, der das Buch der Psalter im Alten Testament abschließt, getan hat:

*„Halleluja! Lobet Gott in seinem Heiligtum,*
*lobet ihn in der Feste seiner Macht!*
*Lobet ihn für seine Taten,*
*lobet ihn in seiner großen Herrlichkeit!“*

Hier zeigt sich, dass Heiligkeit, Hoheit, Herrlichkeit und Allmacht Gottes zusammengehören und zusammenwirken, aber von uns Menschen kaum ganz verstanden, sondern eigentlich nur lobpreisend besungen werden können:

*„Alles was Odem hat, lobe den Herrn! Halleluja!“*

Und doch: Auch wenn wir die Wirkweise des Allmächtigen letztlich nicht erfassen können, sollen und wollen wir doch versuchen, uns wenigstens ein Stück weit in sie hineinzudenken und den Spuren der Allmacht Gottes in unserer Welt nachzuspüren. Ich denke, dass sie für die heute lebenden Generationen in vier Bereichen erkennbar sein können:

I. Im Bereich der Schöpfung und der Erhaltung der Schöpfung. In unsere Lebenszeit fallen Gefährdungen unseres Planeten in einem noch nie da gewesenen Ausmaß durch Raubbau und Umweltzerstörungen, durch Atom- und Wasserstoffbomben, durch Naturkatastrophen und technische Fehlentwicklungen, durch Kriege, Kriminalität und den Terrorismus in seinen immer wieder neuen vielfältigen Spielarten. Aber wir erleben zugleich, dass die Welt noch steht und die Naturordnung wirksam ist; dass Gott diese Welt noch immer in seinen Händen hält, - in Händen, die so stark und mächtig sind, dass auch die geballte Kraft des gesamten menschlichen Zerstörungswütens dagegen nicht ankommt. Still, beständig, zuverlässig und zugleich mit seiner, wie es aussieht, nicht zu erschöpfenden Allmacht schützt Gott das Leben und die Erde als die Grundlage des Lebens, - so wie er es Noah nach der

Sintflut versprochen hatte: „Solange die Erde steht, soll nicht aufhören Saat und Ernte, Frost und Hitze, Sommer und Winter, Tag und Nacht“ (1. Mose 8,22).

II. Im Bereich der Geschichte. Die älteren unter uns haben zwei Wenden erlebt: 1945 und 1989. Beide Male sind Systeme zusammengebrochen, die durchaus unterschiedlich waren. Aber in einem Punkte waren sich Nationalsozialisten und Kommunisten einig: Sie verachteten Gott und seine Gebote. Sie glaubten nicht an Gott und kannten seine Allmacht nicht. So meinten sie, sich über alle Grenzen hinwegsetzen zu dürfen und Menschen, Völker, das Leben nach ihren Vorstellungen einzurichten. Sie beanspruchten für sich die absolute Macht und nahmen eine Stelle ein, die nur Gott einnehmen darf. Zuletzt sind beide Systeme in Lüge, Terror, Unrecht, Entrechtung und Ermordung Andersdenkender geendet.

Gott hat sich das eine Weile angesehen. Er hat sie zeigen lassen vor aller Augen, was in ihnen ist und wozu sie fähig sind. Dann hat er zugeschlagen. Über Nacht sind sie ganz tief gestürzt. Das war das Gericht Gottes. In seiner Allmacht brauchte er nur einen Finger zu bewegen – und die ganze scheinbar unüberwindbare, für die Ewigkeit angelegte Herrlichkeit, die sich die Nazis und die Kommunisten aufgebaut hatten, war weg. Der Apostel Paulus hat wohl recht, wenn er uns warnt, Gott zu unterschätzen. Seine Allmacht ist fast immer mit einer unsere Menschenmaße unbegreiflich weit übersteigenden Langmut verbunden. Aber das ist nicht Schwäche, im Gegenteil, seine Allmacht in Verbindung mit seiner Langmütigkeit und Gerechtigkeit ist seine Stärke. Darum sagt Paulus: „Irret euch nicht! Gott lässt sich nicht spotten. Denn was der Mensch sät, das wird er ernten“ (Gal. 6,7).

III. Im Bereich der Kirche. Wer die Kirchengeschichte des letzten Jahrhunderts wenigstens Ausschnitten miterlebt hat, weiß, dass die Kirchen vielfältig gefährdet waren – bei den Nazis, bei den Kommunisten, durch Gleichgültigkeit, durch Hass, aber auch durch eigene Schuld und Fehler, zu denen jetzt noch besonders bedrückend die Missbrauchsfälle kommen. Zugleich haben wir aber auch gesehen und sehen es täglich, dass die Kirche nicht untergegangen ist. Sie steht nicht gerade glänzend da – aber wann hat sie eigentlich jemals glänzend dagestanden? Aber sie ist trotz ihrer Schuld unverändert und bleibend das Gefäß des Geistes Gottes in dieser Welt.

Ihre Erhaltung ist im Grunde ein Wunder. Ohne die Allmacht Gottes könnte es dieses Wunder nicht geben. Dabei ist die Allmacht Gottes hier verbunden mit seinem Willen zur Gemeinschaft mit den Menschen. Er lässt die Kirche nicht untergehen, weil er sie brauchen will zur Verkündigung seines Willens, zur Sammlung von Menschen, die auf ihn hören, nach seinem Willen leben, ihn als ihren Schöpfer loben und ihm danken.

Man kann es auch etwas anders sagen: Gott setzt seine Allmacht zum Aufbau seines Reiches in dieser Welt ein. Darum hat er die Propheten, darum hat er Jesus Christus gesandt und nach seinem Tod auferweckt und seinen Namen bis heute geschützt. Der Name des Sohnes, Jesus Christus, verkündigt durch die Kirche, ist kein toter, vergessener, sondern ein mit seiner Botschaft neues Leben schenkender Name.

IV. Im Bereich unseres persönlichen Lebens. Ich habe eine Menge Menschen kennen gelernt, die mir von Wundern in ihrem Leben erzählt haben. Da sind Menschen gesund geworden, die die Ärzte schon aufgegeben hatten. Da sind Menschen aus gefährlichen Situationen im Straßenverkehr oder im Urlaub unbeschädigt herausgekommen. Andere haben im Feld persönlicher Beziehungen Erhörungen ihrer Gebete erfahren, die sie nur staunen und sehr dankbar werden ließen. Sie alle stehen dafür ein, dass es Wunder heute gibt, wie es sie immer gegeben hat. .

Hier wird zugleich deutlich, wie sehr wir, häufig nicht reflektiert, mit der Allmacht Gottes rechnen. Jedes Gebet um Hilfe, auch für andere, ruft Gott an, damit er eingreife und handle, wo andere kaum noch einen Weg sehen. Und hier sind dann auch die Wunder angesiedelt. Das ist auch im Neuen Testament so. Mehr als die Hälfte der Wunder des Neuen Testamentes sind Gebetserhörungen. Meist sind es nur sehr kurze Gebete „Herr, erbarme dich" oder ähnlich. Aber sie sind doch immer von dem Glauben getragen, dass der Herr, den wir anrufen, auch die Macht, die Allmacht hat, uns zu helfen; ja, dass er diese seine Allmacht mit seiner Barmherzigkeit verbindet und etwas für uns tut, was niemand sonst tun kann.

Die Allmacht – das hat diese Spurensuche gezeigt – ist eine Eigenschaft Gottes, die in Verbindung mit anderen Eigenschaften und Wesenszügen Gottes wirksam wird. In Verbindung mit seinem Zorn wirkt sie das Gericht. In Verbindung mit seiner Menschenfreundlichkeit ermöglicht, schafft und erhält sie Gemeinschaft, die sich auf unserer Seite in Lob, Dank, Lebensfreude, Geborgenheit verwirklicht.

Durch das Glaubensbekenntnis aber wird deutlich: Alle diese Aussagen über „Den Allmächtigen" stehen unter dem Vorzeichen des Glaubens. Nur durch den Glauben und im Glauben ist es dem Christen möglich, hinter den sichtbaren Dingen und Ereignissen eine Wirklichkeit, die wir Gott nennen, und ihre Wirkungen in Leben und Welt wahrzunehmen. Diese Möglichkeit des Erkennens und Kommunizierens ist dem Unglauben verschlossen. Amen

## VI. Besondere Gelegenheiten

### 1. Schulanfänger („Viel Glück und viel Segen….." )

Liebe Gemeinde!

Beim Schulanfängergottesdienst weiß man als Pfarrer manchmal nicht, was man singen lassen soll. Die Schulanfänger können noch nicht lesen und kennen nur wenige Lieder. Die Eltern können lesen und kennen auch einige Lieder. Aber es ist schade, wenn sie allein, ohne ihre Kinder singen. Darum möchte ich, dass wir heute einen einfachen, vielen auch schon bekannten Kanon einüben, den wir am Ende alle zusammen vierstimmig singen können, zu dem ich aber auch etwas sagen möchte. Er heißt:

*„Viel Glück und viel Segen*
*auf all deinen Wegen,*
*Gesundheit und Frohsinn sei auch mit dabei!"*

Manchen von Ihnen, liebe Eltern und Großeltern, wird es so gehen, wie es uns manchmal auf dem Bahnsteig geht: Die Freunde und Verwandten sind in den Zug gestiegen. Man weiß, der Abschied steht unmittelbar bevor. Im Grunde ist alles gesagt. Schließlich setzt sich der Zug in Bewegung. Manche ziehen jetzt ein Taschentuch, winken, rufen den Abfahrenden nach;: alles Gute! Bleibt gesund! So rufen wir Ihren Kindern und Enkeln zu: „Viel Glück und viel Segen...." Darin liegt ein bisschen Abschiedsschmerz. Denn wir wissen, die Kleinkinderzeit ist nun endgültig vorbei. Es beginnt ein neuer Abschnitt im Leben von allen. Eltern wie Kindern. Darin liegt aber auch etwas Aufregendes. Es ist viel Unbekanntes, das auf alle zukommt, das zugleich erschreckt und belebt. Es mündet unwillkürlich in den Wunsch, in das Gebet: „Lieber Gott, behüte unser Kind, segne es, lass es glücklich seinen Weg gehen!".

Die Worte „auf all deinen Wegen" sind von besonderer Aktualität. Wir wissen, wie gefährlich heute Schulwege sind – nicht allein durch den Straßenverkehr oder das Raufen und Schubsen der Kinder untereinander, sondern auch durch Jugendgangs oder verbrecherische Erwachsene, von denen wir in den letzten Zeiten zu unser aller Empörung viel zu oft hören mussten. Hier gewinnt die Bitte um den Schutz und Segen Gottes eine ungeahnte Dringlichkeit. Wir können nicht mehr zu allen Zeiten des Tages um unsere Kinder sein. Wir können sie nur immer wieder Gott ans Herz legen und ihn bitten, dass er seine Hände über sie halten möchte „auf all deinen Wegen“.

Das gilt freilich auch dann, wenn unsere Kinder uns ganz entwachsen sind, und wir oft nicht einmal wissen, wo sie gerade sind. Das Gebet, die Fürbitte liebender Eltern brauchen unsere Kinder immer, auch wenn sie schon wieder selber Kinder haben. Manchmal ist es das einzige, was wir noch für sie tun können. Ich bin davon überzeugt, ich weiß es, dass es Kinder innerlich stärkt, wenn sie wissen,: Meine Eltern beten für mich. Darum lassen Sie uns jetzt auch zusammen singen „Viel Glück und viel Segen.....“.

Aber auch die Worte „Gesundheit und Frohsinn sei auch mit dabei....“ Sind wichtig. Man sagt, mit dem heutigen Tag beginnt der Ernst des Lebens. Das ist halb richtig: Denn der Unterschied zwischen Kindergarten und Schule lässt sich nicht so einfach auf den Gegensatz von Ernst und Spiel bringen. Auch in der Schule wird, zumindest in den ersten Jahren, noch vieles spielerisch gelernt und geübt. Schule ist zum Glück nie nur ernst. Und Kindergarten war nicht nur unernst und Spaß und Spiel. Nein, der Unterschied liegt darin, dass die Schule die Leistungen zensiert. Das wurde im Kindergarten nicht gemacht. Dabei wissen wir alle, dass die Leistungsbemessung ein ganz schwieriges Kapitel ist. Hier sind die Eltern besonders wichtig.

Denn Eltern können ihren Kindern durch ihre Erwartungen das Leben schwer machen. Der Satz „Ich möchte ja nur das beste für mein Kind“ ist an sich nicht falsch. Entscheidend ist aber, dass wir nicht das durchsetzen, was wir für das beste halten, sondern das, was unserem Kind gemäß ist, was zu unserem Kind passt, was es bringen und leisten kann. Die Bibel kann uns hier eine gute Hilfe sein. Jesus Christus erinnert nämlich daran, dass wir ungleiche Gaben haben. In Matth. 25, 14-30 erzählt er von drei Männern, von denen der eine fünf, der andere zwei und der dritte nur ein Talent haben. Die beiden ersten sind recht zufrieden, regen sich, trainieren, machen etwas aus ihrer Begabung. Der dritte dagegen ist unzufrieden. Seine geringe Begabung scheint ihm den Einsatz nicht wert. Er regt sich nicht, trainiert nicht, seine Begabung verfällt. Am Schluss hat er nichts, was er vorweisen kann, und ist verbittert.

Der dritte ist der eigentlich Interessante. Er hätte jemanden gebraucht, der ihn ermuntert, stärkt und ihm auf diese Weise hilft. Auch unsere Kinder sind in aller Regel, sogar in ein und derselben Familie, unterschiedlich begabt. Hier kommt es darauf an, dass wir als Eltern so weise werden, dass wir die Unterschiede akzeptieren, unsere Erwartungen ganz zurücknehmen und jedem Kind das an Aufmerksamkeit und Ermunterung zukommen lassen, was es braucht – damit es seelisch gesund, zufrieden, dankbar sein kann für das, was es ist und was es vom lieben Gott mitbekommen hat. Dann wird es auch gern, unbeschwert, in „Gesundheit und Frohsinn“ sein Leben leben. Um diese Weisheit, die wir Eltern brauchen, bitten wir auch in diesem Kanon. Lassen Sie ihn uns noch einmal zusammen singen: „Viel Glück und viel Segen...“.

Gebet: Herr, unser Gott, wir danken dir, dass du unsere Kinder bis zum heutigen Tag behütet und bewahrt hast. Behüte und bewahre sie auch, wenn nun die Schule beginnt. Gib ihnen verständnisvolle Lehrer, verträgliche Klassenkameraden, Freude am Lernen. Lass sie Erfolg haben, aber nicht verzweifeln, wenn er ausbleibt oder wenn Schwierigkeiten auftreten. Behüte und bewahre unsere Kinder auf den Wegen, die sie nun gehen. Lass sie gesund und fröhlich sein. Lass sie an uns Eltern haben, die sie mit Liebe und Verständnis leiten. Und wenn wir Fehler machen, so nimm auch diese in deine Hände und wandle sie in Segen für uns alle. Amen

## 2. Konfirmation (Matthäus 14, 22 – 33)

Liebe Konfirmanden, liebe Gemeinde,

ich kann mir vorstellen, dass eure Gefühle heute mehrschichtig sind. Auf der einen Seite bewegt euch und uns alle Freude und Dankbarkeit darüber, dass ihr diesen Tag gesund und froh erleben könnt. Konfirmation ist ein Höhepunkt in euerm Leben. Dazu kommt sicher auch ein Stück Zufriedenheit darüber, dass wir den Unterricht nun mit Anstand zu einem Abschluss gebracht haben. Aber ich weiß, dass da auf der anderen Seite auch die Frage mitschwingt, ob eure innere Verfassung wirklich konfirmationsgemäß ist, ob denn so viel Glaube in euch wach geworden ist, dass ihr zur Konfirmation gehen könnt. Ich erinnere mich an die Frage eines Konfirmanden: Soll ich überhaupt zur Konfirmation gehen? Habe ich eigentlich Glauben? Genug Glauben?

Diese Frage hat auch die frühen Christen schon bewegt. Sie haben gesagt: Eigentlich ist der Glaube ein Wunder. Er ist etwas so Großes und durchaus nichts Selbstverständliches, dass man ihn nur vergleichen kann mit etwas so Unmöglichem wie einem Spaziergang auf einem See. Trotzdem aber ist es möglich, zu einem festen Glauben zu kommen, wenn man einige Erfahrungen beachtet. Sie sind in der folgenden Geschichte beschrieben. Ich lese. Matthäus 14, 22 – 33.

*22 Und alsbald trieb Jesus seine Jünger, dass sie in das Schiff traten und vor ihm*
*herüberfuhren, bis er das Volk von sich ließe. 23 Und da er das Volk von sich*
*gelassen hatte, stieg er auf einen Berg allein, dass er betete. Und am Abend war er*
*allein daselbst. 24 Und das Schiff war schon mitten auf dem Meer und litt Not von den*
*Wellen; denn der Wind war ihnen zuwider.*
*25 Aber in der vierten Nachtwache kam Jesus zu ihnen und ging auf dem Meer. 26*
*Und da ihn die Jünger sahen auf dem Meer gehen, erschraken sie und sprachen: Es*
*ist ein Gespenst! und schrieen vor Furcht. 27 Aber alsbald redete Jesus mit ihnen und*
*sprach: Seid getrost, Ich bin's; fürchtet euch nicht!*
*28 Petrus aber antwortete ihm und sprach: HERR, bist du es, so heiß mich zu dir*
*kommen auf dem Wasser. 29 Und er sprach: Komm her! Und Petrus trat aus dem*
*Schiff und ging auf dem Wasser, dass er zu Jesu käme. 30 Er sah aber einen starken*
*Wind; da erschrak er und hob an zu sinken, schrie und sprach: HERR, hilf mir! 31*
*Jesus reckte alsbald die Hand aus und ergriff ihn und sprach zu ihm: O du*
*Kleingläubiger, warum zweifeltest du?*
*32 Und sie traten in das Schiff, und der Wind legte sich. 33 Die aber im Schiff waren,*
*kamen und fielen vor ihm nieder und sprachen: Du bist wahrlich Gottes Sohn!*

Wie ist es, wenn man noch nicht so viel Glauben hat? Ich finde es besser, wenn man sich darüber beunruhigt, als wenn man allzu sicher ist. So war es ja doch hier bei Petrus. Er sah Jesus auf dem See wandeln und glaubte, dass er das auch kann. Petrus hatte immer eine hohe Meinung von sich. So war er es, der erklärt hatte, dass er den Herrn Christus nie verlassen werde, dass er für ihn kämpfen und mit ihn sterben wolle. Und dann hat er ihn noch schlimmer verleugnet als die meisten anderen Jünger. Petrus ist der Mann im Neuen Testament, der dazu neigt, vorneweg zu sein und sich dabei zu überschätzen. So auch hier. Aber wir sollten uns auch fragen – warum er hier Schiffbruch erleidet.

Er tut es in dem Augenblick, wo er den Blick nicht mehr auf Jesus gerichtet hält, wo er auf den Sturm, auf die Gefahr sieht, in der er sich befindet. In diesem Augenblick verliert er die Orientierung. Er hat keinen Halt mehr. Er beginnt zu sinken.

Damit ist eine allgemeine Erfahrung des Glaubens beschrieben, die wir heute noch machen können: Wir alle werden vielfältig umworben von religiösen, scheinreligiösen oder auch nicht religiösen Angeboten. Sekten und Jugendsekten, rechts- oder linksradikale Gruppen versuchen, junge Menschen in ihre Reihen zu ziehen, die Esoterik-Literatur nimmt zu und wird gekauft, fernöstliche Religionen und religiöse Praktiken machen von sich reden – und gleichzeitig wird uns demonstriert, dass vielen die Sache der Kirche nichts mehr bedeutet. Sie treten aus der Kirche aus und entziehen ihr ihre finanzielle Unterstützung. Wenn das alles so läuft, dann ist es schwer für euch, euern Weg zu finden. Wenn man dann nicht fest auf Jesus Christus sieht, hat man keine Orientierung, man kann sich nicht behaupten und muss so Scheitern wie Petrus. Dazu aber ist uns Jesus Christus von Gott gesandt, damit wir einen Halt haben und den Weg finden.

Aber damit ist die Frage – habe ich genug Glauben, wie kann ein schwacher Glaube stärker werden? – noch nicht vollständig beantwortet. Zwei Punkte scheinen mir außerdem wichtig: Einmal wird hier nämlich auch deutlich, dass wir unseren Glauben nicht dadurch stärken, dass wir uns ständig mit uns selbst beschäftigen, uns den geistlichen Puls fühlen und fragen: Wie groß ist denn nun mein Glaube? Diese ganze Blickrichtung ist falsch. Diese Geschichte zeigt es: Der Christ blickt nicht nach innen, auf sich, sondern nach außen, von sich weg. Wenn wir den Blick nur auf uns richten, uns in uns versenken und uns mit uns selbst beschäftigen, bleiben wir bei uns selbst. Nur wenn wir ihn von uns weg auf Jesus richten, entsteht Kotakt mit ihm und seinem Wort. Und aus diesem Kontakt wächst uns die Kraft zu, die hilft.

Diese Tendenz wird zum andere unterstrichen durch den Satz, den Petrus, als er zu Sinken beginnt, ausruft: „Herr, hilf mir!" Hier wird deutlich, dass sich Petrus durch diesen Vorgang gewandelt hat. Er hat erkannt, wer er eigentlich ist. Er ist nicht der starke Mann, der alles aus eigener Kraft kann. Er erkennt, ich bin ganz schnell am Ende. So wie es auch Martin Luther sagte: „Mit unserer Macht ist nichts getan, wird sind gar bald verloren" (EG 201, 2). Wir sind auf die Hilfe Christi angewiesen. Das fasst Petrus hier in dem schlichten Gebet zusammen „Herr, hilf mir!" Das heißt doch: Um den Glauben und seine Stärkung müssen und dürfen wir beten. Man kann sich den Glauben nicht selber geben. Wir können und sollen ihn uns von Gott schenken lassen.
Dieses kleine Gebet können wir darüber hinaus in allen Lebenslagen sprechen – in Gefahren, vor Entscheidungen, in Krankheit, vor schweren Gängen. Es ist ein Ausdruck realistischer Selbsteinschätzung, wenn wir zugeben, dass wir auf Gottes Beistand lebenslang angewiesen bleiben. Es ist zugleich ein Trost zu wissen, dass wir diese Möglichkeit des Gespräches mit Gott haben.

Und unsere heutige Konfirmation? Das Wort Konfirmation kommt aus dem Lateinischen und heißt Bestärkung, Befestigung. Unsere heutige Konfirmation ist eine Befestigung, wenn sie uns in der Erkenntnis bestärkt, dass wir nur mit dem Blick nach vorn, auf den Herrn, im Kontakt mit ihm und durch das Gebet im Glauben wachsen können.
Diese Geschichte hat einen versöhnlichen Schluss. Jesus und Petrus treten zu den anderen ins Schiff „und der Wind legte sich". Wir können das ruhig bis heute fortschreiben und sagen: Christus ist mit im Boot. Er bleibt bei uns. Diese unsere Welt, unsere Kirche, unsere Jugend sind nicht verlassen, auch wenn es manchmal scheint, als sei er längst ausgestiegen. In Wahrheit ist er unter uns und wir sind eingeladen, in ihm unseren Heiland zu sehen und ihm die Ehre zu geben, wie es die Jünger auch taten: „Sie fielen vor ihm nieder und sprachen: Du bist wahrlich Gottes Sohn!" Amen

## 3. Einsatzkräfte der Johanniter

Liebe Johanniter,

im Jahr 2012 kann die Johanniter-Unfall-Hilfe (JUH) auf sechzig Jahre ihres Bestehens zurückblicken. Gegründet 1952 in Hannover, hat sie auf der einen Seite eine steile Aufwärtsentwicklung genommen. Heute sind mehr als 13.000 Hauptamtliche bei ihr beschäftigt. Dazu kommen rund 30.000 ehrenamtliche Mitarbeiter. Auf der anderen Seite sind diese 60 Jahre, verglichen mit der über 900jährigen Geschichte des Johanniterordens, keine lange Zeit. Lässt man aber einmal die Organisationsform beiseite und konzentriert sich auf die Dienstleistungen, dann ist die JUH sehr viel älter. Denn Fahrdienste, Tragedienste, das Hinbringen von Menschen zu hilfreichen Personen oder Orten, Liebesdienste an Bedürftigen sind so alt wie das Christentum und werden bereits im Neuen Testament erwähnt.

Eigentlich sind es nur Szenen, Momentaufnahmen, die am Rande vorkommen und darum auch kaum auffallen. Auch mir selbst ist erst bei der Vorbereitung dieser Predigt klar geworden, dass man sie „Johanniter-Geschichten" nennen könnte, weil sie genau das beschreiben, was die Johanniter tun. Es lohnt, sie einmal etwas näher zu beleuchten.

Die erste Szene wird im Markusevangelium erzählt: *„Und sie brachten zu ihm (Jesus Christus) einen, der taub und stumm war, und sie baten ihn, dass er die Hand auf ihn legte"*(Mk. 7,32). Es wird nicht gesagt, wer „sie" sind. Es können Freunde, Verwandte, Nachbarn sein. Auf jeden Fall sind es Menschen, die diesem Taubstummen helfen wollen. Er selbst sagt nichts. Er hat auch nicht um Hilfe gebeten. Sie nehmen ihn in seiner Behinderung liebevoll an die Hand und bringen ihn zu Jesus, weil sie hoffen und glauben, dass er diesem armen Menschen helfen kann. Stellvertretend nehmen sie seine Interessen wahr; handeln, wo er in seiner Taubstummheit nicht handeln kann. Und – sie haben am Ende sogar Erfolg. Denn diesem Mann wird geholfen.

Die nächste Szene klingt ganz ähnlich. Sie ist ebenfalls im Markusevangelium überliefert, nur ein Kapitel weiter: *„Und sie brachten zu ihm einen Blinden und baten ihn, dass er ihn anrührte"* (Mk. 8,22). Im Kern das gleiche. Wieder bleibt offen, wer die „sie" sind. Aber die Wiederholung zeigt, dass die Urchristenheit (Markus ist ja das älteste Evangelium) diese Dienstleistungen wichtig waren. Sie wurden auch deshalb mehrmals in den gleichen Worten erzählt, weil sie sich einprägen und zur Nachahmung ermuntern sollen. Ganz nebenbei, in der Rahmenhandlung, am Rande der Erzählung wird der Gemeinde auf diese Weise gesagt: Seht, so war die Zeit Jesu. Damals haben die Menschen sich gegenseitig geholfen. Sie haben sich gegenseitig zu Jesus Christus gebracht. Das sollten wir auch tun.

Auch die dritte Szene spielt im Markusevangelium: *„Nach einigen Tagen ging Jesus wieder nach Kapernaum; und es wurde bekannt, dass er im Hause war. Und es versammelten sich viele, sodass sie nicht Raum hatten, auch nicht draußen vor der Tür; und er sagte ihnen das Wort. Und es kamen einige zu ihm, die brachten einen Gelähmten, von vieren getragen. Und da sie ihn nicht zu ihm bringen konnten wegen der Menge, deckten sie das Dach auf, wo er war, machten ein Loch und ließen das Bett herunter, auf dem der Gelähmte lag"* (Mk. 2, 1-4).
Die Vier, die diesen Kranken tragen, stehen vor einer Herausforderung, die in den andern beiden Szenen nicht gegeben war. Die anderen hatten offensichtlich keine Schwierigkeiten, zu Jesus durchzudringen und ihm den Kranken zu übergeben. Hier ist der Zugang durch die Zuhörer so blockiert, dass an ein Durchkommen nicht zu denken ist. Aber sie lassen sich dadurch nicht beirren. Mit diakonischer Phantasie finden sie schließlich doch einen Weg, indem sie aufs Dach steigen und den Kranken durch eine von ihnen hergestellte Öffnung herunterlassen, so dass er Jesus direkt vor die Füße fällt als eine stumme Bitte: „Herr, hilf mir!". Solche Situationen sind unseren Behindertenfahrdiensten oder Rettungsassistententeams nicht fremd. Wenn Straßen verstopft sind, weil Umzüge oder Unfälle oder Demonstrationen stattfinden, müssen sie ähnlich phantasievoll nach Möglichkeiten suchen, um ihre Kranken oder Behinderten doch noch ans Ziel, zum Beispiel ins nächste Krankenhaus, zu bringen. Es wäre schade, wenn sie sich durch die Umstände entmutigen ließen. Ja, man kann diese Geschichte geradezu als eine Aufforderung verstehen: Wenn sich beim Helfen Schwierigkeiten in den Weg stellen, gebt nicht auf. Macht es wie die Vier im Evangelium.
Die Frage stellt sich allerdings, ob wir dem Evangelisten im Blick auf diese kleinen Szenen nicht Absichten unterstellen, die er gar nicht hat, und ihn auf diese Weise überinterpretieren. Ich denke aber, dass wir diese Befürchtung nicht haben müssen. Dies, weil gerade der Hinweis auf diese kleinen, scheinbar unbedeutenden Begebenheiten am Rande sehr gut zum Geist des Evangeliums passt – und zwar in zwei Punkten:
I. Die Urgemeinde, hier repräsentiert durch den Evangelisten Markus, will, dass die Helfer gesehen werden. Das ist ein sehr menschenfreundliches Interesse. Es entspricht dem Geist des Evangeliums und steht gegen der Art, mit der über solche Aktivitäten normalerweise, letztlich bis heute berichtet wird. Nehmen Sie eine Sendung über ein Fußballspiel in irgendeinem Medium unserer Tage. Über alles wird

haarklein berichtet, über die Mannschaft, den Spielstand, den Kapitän, den Trainer und vieles andere. Über die Rettungsassistenten oder –Sanitäter, die unter den Fans verteilt in Bereitschaft dabei sind, um jederzeit helfend eingreifen zu können, wird nie gesprochen. Hilfsdienste, so die allgemeine Meinung, müssen sein, sind wichtig. Aber erwähnen, ein wenig Licht auf sie fallen lassen, will man nicht.

Da ist das Evangelium anders. Das Licht wird auf sie gerichtet, nicht übertrieben, am Rande des Geschehens, aber eben überhaupt. Allerdings haben die Vier oder die „sie" weder im Evangelium noch in der Wirkungsgeschichte der Bibel Namen bekommen. Die Weisen aus dem Morgenland zum Beispiel oder die beiden Schächer am Kreuz haben im Evangelium ebenfalls keine Namen. Die fromme Phantasie hat sie ihnen später beigelegt. Dadurch war eine stärkere emotionale Identifizierung mit ihnen möglich. Bei den Hilfsdienstlern ist das nicht der Fall. Das ist nicht unbezeichnend. Es zeigt, dass die Helfer und ihr Einsatz selbstverständlich in Anspruch genommen und gebraucht, aber nicht besonders gewürdigt werden.

II. Bringt man das, was Markus über die Helfer sagt, auf eine kurze Formel, dann muss sie heißen: „Sie brachten .....und sie baten". Auch das ist ganz im Geist des Evangeliums formuliert. Es zeigt sich darin, dass sich die Einsatzkräfte für ihre Patienten bei Jesus Christus einsetzen, für sie bitten. Hierin dürfte auch heute der Unterschied zwischen einer humanitären und einer christlichen Hilfstätigkeit liegen. „Sie brachten" – das heißt heute, sie fahren bei der Wohnung des Patienten vor, laden ihn sorgfältig in ihren RTW (Rettungstransportwagen), bringen ihn ins Krankenhaus, erledigen die Übergabe an den empfangenden Arzt, schreiben einen Bericht, zünden sich eine Zigarette an, steigen in ihren Krankenwagen und fahren ab – zum nächsten Einsatz.

Es kann aber auch sein, dass die Einsatzkräfte in ihrem Herzen ein kleines Gebet sprechen – „Herr, sei bei diesem Kranken" oder „Herr, wir übergeben dir diesen Kranken" oder ähnlich und noch ein aufmunterndes, freundliches Wort an ihn richten oder ein kleines Lob über sein Verhalten beim Transport aussprechen. Wenn so etwas geschieht, könnte es mit Recht auch von ihnen heißen „Sie brachten – und sie baten".

Darüber hinaus zeigen diese drei Szenen, dass Gebete nutzen. Der Taubstumme, der Blinde, der Gelähmte – sie alle wurden gesund. Diese Heilungen werden als Wunder beschrieben. Und das sind sie auch. Aber es wird auch deutlich: Wunder fallen nicht vom Himmel. Wunder wollen erbeten sein. Gottes wunderbares

Eingreifen ist – in 70 % der Fälle, von denen das Neue Testament berichtet – eine Antwort auf unser Beten.

Betrachten wir noch einen Moment den Bezugsrahmen, in den diese Szenen im Evangelium hineingestellt sind. Man kann ihn das Reich Gottes, das Reich Jesu Christi oder den Lebensraum Jesu Christi nennen. Diese Szenen sind angesiedelt am Rande dieses Lebensraumes. Das bedeutet, dass sie auch von daher und in dieser Perspektive einen besonderen Sinn haben:

1. Die hier geschilderten Krankheiten sind nicht nur körperliche Defekte, die möglichst schnell repariert werden sollten. Nein, Taubstummheit, Blindheit, Lähmung (Gicht) haben auch eine geistlich-spirituelle Dimension. Sie haben auch mit Gott, mit unserer Sünde (das heißt mit unserer Gottesferne) und mit dem Glauben zu tun. Offensichtlich hat Jesus das auch so gesehen. Denn er sagt zu dem Gelähmten zunächst nichts von der Krankheit. Er sagt zu ihm „Mein Sohn, deine Sünden sind dir vergeben" (Mk. 2,5). Damit ist eine spirituell-geistlich-seelische Dimension von Krankheit in den Blick getreten, die auf der rein solidarisch-humanitären Ebene gar nicht ins Blickfeld rückt. Die damaligen Helfer wussten das aber. Denn

2. ihre Dienstleistung hat Hinweischarakter. Direkt und indirekt weisen sie hin auf Jesus Christus. Er ist der Helfer. Er ist der Arzt. Sie selbst können nicht heilen. Das kann nur „der Herr", zu dem sie unterwegs sind. In dieser Bezogenheit und Ausrichtung liegen ihr Auftrag und ihre Bedeutung, ihre Grenze und ihre Größe.

3. Auch von daher sind diese Szenen echte Johannitergeschichten. Johannes der Täufer, der Schutz- und Namenspatron der Johanniter, verstand sich selbst nicht als Erlöser oder Arzt der Menschheit. Er sah sich als Boten, als Wegbereiter und Hinweisenden auf den Größeren. Die Christenheit hat das stets ebenso gesehen. Darum beherrscht Johannes bis heute im Kirchenjahr ab der Sommersonnenwende – 24. Juni - die Zeit des abnehmenden Lichtes, die aber gerade so die Erwartung und die Hoffnung auf die wieder aufstrahlende Sonne, die Weihnachten mit der Geburt Christi aufleuchtet, wach hält. Die Jünger des Johannes aber sind nicht mehr als ihr Meister. Durch die Art, wie sie ihren Dienst an den Mitmenschen verstehen und durchführen, weisen hin auf den, den Gott uns zur Heilung gesandt hat. Amen

## VII. Von der Anrufung der Heiligen – eine Problemanzeige

Für Katholiken gehört die Anrufung der Heiligen ganz selbstverständlich zum gelebten Glauben. Sie ist ein Bestandteil ihrer Kirchlichkeit, für den sie auch auf Nachfragen durchaus eintreten. Nicht wenige sind sogar der Meinung, dass hier einer der wesentlichen Unterschiede zwischen katholischer und evangelischer

Religiosität greifbar wird. Denn bei den Evangelischen gibt es die Anrufung der Heiligen nicht, weder im Gottesdienst noch in der privaten Andacht – mit der Folge, dass man uns nachsagt, wir lehnten die Heiligen und die Heiligenverehrung überhaupt ab. Wir hätten die Heiligen „abgeschafft". Die Frage ist dann allerdings: Stimmt diese Vermutung? Dazu zunächst zwei grundsätzliche Thesen:

1. Eine gesamtprotestantische, das heißt, eine für alle protestantischen Konfessionen (Lutheraner, Anglikaner, Reformierte, Methodisten, Baptisten u. a.) gültige Definition dessen, was Heiligenverehrung ist oder sein sollte, gibt es nicht.
2. Aber es gibt im Protestantismus eine sehr wandlungs- und facettenreiche Geschichte des Umganges mit Heiligen. Diese Geschichte möchte ich in großen Zügen vorstellen. Dabei beginne ich mit der Reformation. [1]

## 1. Heiligenverehrung im Geist der lutherischen Reformation

Heute ist es fast vergessen: Am Beginn der Lebenswende, die Martin Luther ins Kloster und dann zur Reformation geführt hat, steht das Gebet zu einer Heiligen. Luther hatte bereits drei Semester Jura studiert, als er nicht weit von Erfurt bei dem Dorf Stotternheim in ein Unwetter geriet. Der Donner rollte und krachte; dicht in seiner Nähe schlugen die Blitze ein. In seiner Angst kniete er nieder und rief „Heilige St. Anna, rette mich! Ich will ein Mönch werden!". Die Verehrung der Heiligen Anna, der Schutzpatronin der Bergleute, hatte er in seinem Elternhaus – der Vater Hans Luther war Steiger im Mansfelder Silberbergbau - kennen gelernt.

Für die Reformation selbst hatte dieses Gebet dann keine Bedeutung mehr. Denn die Reformation Luthers war von dem Bemühen getragen, das Leben der Kirche wie des einzelnen Christen unter den Maßstab des Wortes Gottes zu stellen. Es ist verständlich, dass damit zwangsläufig auch eine Neubewertung der überkommenen Heiligenverehrung verbunden sein musste. Die volkstümliche Ansicht, auf die ich auch in Mainz-Gonsenheim immer wieder gestoßen bin, die lutherische Reformation habe die Heiligenverehrung abgeschafft oder abschaffen wollen, ist allerdings falsch. Die lutherische Reformation hat sich nicht gegen die Heiligenverehrung überhaupt gewandt, sondern gegen die Art der Heiligenpromotion und –verehrung, wie sie bis heute in der römisch-katholischen Kirche praktiziert wird. Kern des katholischen

[1] Zum Ganzen: Frieder Schulz, Heilige/Heiligenverehrung VII: Die protestantischen Kirchen. In: Theol. Realenzyklopädie (TRE) Bd. XIV 1985 S. 664-672 – Ökumenisches Heiligenlexikon. Internet-Zugang über Wikipedia. Die freie Enzyklopädie.

Heiligenwesens ist, dass die Bestimmung dessen, was oder wer ein Heiliger ist, dem Kirchenvolk entzogen und an den Heiligen Stuhl in Rom gebunden ist. In der Urchristenheit und nach dem Neuen Testament sind alle Getauften Heilige. So werden sie auch angeredet in den Briefen der Apostel. Das meinen wir auch, wenn wir im Glaubensbekenntnis von der „Gemeinschaft der Heiligen" sprechen. Gemeint sind damit alle, die auf den dreieinigen Gott getauft sind. Denn in der Taufe ist uns der Geist Gottes geschenkt worden.

Dass es darüber hinaus Christen gibt, die sich in besonderen Situationen besonders bewährt haben – etwa Märtyrer, Bekenner, standhaft Leidende oder Menschen, die auch in Notzeiten an der Liebe zum Nächsten festgehalten haben – erkennen beide Kirchen an. Der Dissens setzt an der Stelle ein, wo Rom das Lebenszeugnis dieser besonderen Christen mit dem Verdienstgedanken verbindet und erklärt, dass diese herausragenden Christen mehr Tugenden und gute Werke hervorgebracht haben, als sie für ihre Aufnahme in das himmlische Reich, für ihre eigene Seligkeit brauchen. Diese dona super addita kommen in einen großen Pool, den die katholische Kirche den thesaurus ecclesiae, also den Schatz der Kirche, nennt. Dieser Schatz wird vom Inhaber der Schlüsselgewalt, also vom Papst, verwaltet. Er, der Papst, kann aus diesem thesaurus Ablässe oder Vergebungszusprachen geben an Christen, die nicht genug vorzuweisen haben, um auch ihrerseits aus eigener Kraft die Seligkeit zu erlangen.

Außerdem wird den Heiligen die Kraft zugesprochen, dass sie aufgrund ihrer besonderen Verdienste bei Gott Fürsprache für weniger verdiente Christen einlegen können. Darum ist es wichtig, die Heiligen immer wieder, vor allem aber in besonderen Notlagen anzurufen und ihnen unsere Nöte vorzutragen, damit sie diese Fürsprache ausüben können.

Die Reformation nun hat sich in ihrer Kritik am römischen Heiligenwesen nicht an der ihr zu Grunde liegenden Verehrung vorbildlicher Christen gestoßen, sondern am Verdienstgedanken. In der Confessio Augustana von 1530 ist das in Artikel 21 so formuliert und festgelegt: *Vom Heiligendienst wird von den Unseren also gelehret, dass man der Heiligen gedenken soll, auf dass wir unsern Glauben stärken, wenn wir sehen, wie ihnen Gnade widerfahren, auch wie ihnen durch den Glauben geholfen ist; dazu, dass man Exempel nehme von ihren guten Werken, ein jeder nach seinem Beruf [...] Durch Schrift aber mag man nicht beweisen, dass man die Heiligen*

*anrufen oder Hilfe bei ihnen suchen soll. Denn es ist ein einiger (alleiniger) Versöhner und Mittler gesetzt zwischen Gott und den Menschen, Jesus Christus.*[2]
Dass Luther und die Lutheraner die Verehrung der Heiligen nicht abschaffen, sondern nach dem Maßstab der alleinigen Ausrichtung der Kirche an Jesus Christus reinigen, „reformieren" wollten, zeigt neben der Lehre auch die Praxis. Das Luthertum hat die Heiligenfeste und die Heiligen-Patrozinien der Kirchen nicht beseitigt. Zwei Wittenberger Kollegen Luthers, die Theologen Georg Major und Georg Spalatin, haben sogar Hagiographien (Heiligengeschichten) verfasst, zu denen Luther die Vorrede schrieb. Es entsprach seiner Überzeugung, dass Exempel für Predigt und Unterricht wichtig sind: Sie sind anschaulich und lebendiger als wenn „man allein die schrifft on exempel und historien der heiligen leret [...] (es hilft) doch trefflich seer, so man [...] auch die exempel der anderen sihet odder höret. Sonst denckt ymer ein schwach Hertz also: Sihe, du bist alleine, der also gleubet und solchs bekennt, thut und leidet etc Darum auch Gott, selbs jnn der heiligen schrifft neben der lere beschreibet der lieben Patriarchen und Propheten leben, glauben, bekenntnis und leyden".[3] Darin unterschied er sich von den schweizerischen und süddeutschen Reformatoren. Martin Bucer (1491-1551) beispielsweise hat in Straßburg die Heiligentage des Kirchenjahres abgeschafft und die Verehrung der Heiligen insgesamt verboten.
Phillip Melanchthon hat in der Apologie zum Augsburger Bekenntnis die lutherische Position präzisiert und erklärt, wie die Heiligen nach evangelischem Verständnis verehrt werden sollen:
*Durch Dank gegen Gott für die Exempel seiner Gnade*
*Durch Annahme der Glaubensstärkung, die in diesen Beispielen sichtbar wird*
*Durch Nachfolge in Glaube, Liebe, Geduld nach dem Exempel der Heiligen.*
Er erklärt aber abgrenzend gegen Rom: *Wir glauben, dass man nicht darauf vertrauen soll, dass uns die Verdienste der Heiligen zugewendet werden. Vor allem wird die ganze Christuserkenntnis verschüttet, weil andere Mittler außer Christus gesucht werden und das Vertrauen auf andere gegründet wird.*

[2] Für den Laien ist die Confessio Augustana am einfachsten zugänglich im Anhang zum Ev. Gesangbuch
[3] Martin Luther, Vorrede zum Bekenntnis des Lazarus Spengler 1534. WA 38, 313,10 – 314,6

Hundert Jahre später hatte sich diese Position grundsätzlich nicht geändert. 1636 erklärte der bedeutendste Vertreter der lutherischen Orthodoxie, der Jenaer Theologie-Professor Johann Gerhard (1582-1637):

*Gerne sind wir damit einverstanden,*

*dass das Gedächtnis der Heiligen in der Kirche bewahrt werden soll;*

*dass über ihr rühmliches Leben und Sterben in angemessener Weise Predigten angeordnet werden können;*

*dass ihre (Lebens-)Geschichten schriftlich festgehalten werden können nach dem Beispiel im Schlussteil des Buches Jesus Sirach, bei Lukas in der Apostelgeschichte und in den Briefen der Apostel;*

*dass Glaube, Liebe, Geduld, Standhaftigkeit und Heldenmut der Heiligen der Kirche zur Nachahmung vor Augen gestellt werden können, jedoch nach Maßgabe von Stand und Berufung jedes Frommen;*

*dass die Heiligen zu ehren und zu rühmen sind, weil sie Gottes Gaben treulich gebraucht haben, weil sie Gott zu ihrer Zeit gedient haben und weil sie die ihnen anvertrauten Pfunde für die Kirche eingesetzt haben;*

*dass in den Heiligen Beispiele von Charakterstärke vorgestellt werden und dass in ihnen die Gemeinschaft der streitenden und triumphierenden Kirche sichtbar werde.*[4]

Wie eine protestantisch gereinigte Heiligenverehrung in der Praxis aussehen konnte, zeigt sehr schön das Beispiel der heiligen Hedwig von Schlesien.[5] Hedwig (1174-1243, kanonisiert 1267) wurde bereits in der ersten protestantischen Biographie, verfasst von dem Glogauer Arzt Joachim Cureus (1532-1573) und 1571 in Wittenberg veröffentlicht, hoch gelobt. Denn das war Hedwig: Von hoher adliger Geburt, ein Vorbild für Tugend und gute Werke, für Ehe und Mutterschaft, geduldig in Kreuz und Widerwärtigkeit, mitleidig gegen Arme und Schwache, eine barmherzige Fürsprecherin ihrer Untertanen, Förderin der Kirchen und Klöster, anhaltende Beterin, die zugleich für gute Gesetze, Recht und Polizei im Land sorgte. Darum lasst uns „ihr Gedächtniß ehrlich und löblich halten und Gott fleissig bitten, dass er stäts solche fromme Fürsten und Matronen, die Gottes Wort und das Vaterland lieben,

---

[4] Johann Gerhard, Confessio Catholica, Liber II, Pars II, Art. X, Cap I, Jena 1636 S. 542

[5] Christian-Erdmann Schott, Hedwig von Schlesien. In: Joachim Köhler/Rainer Bendel (Hg.), Geschichte des christlichen Lebens im schlesischen Raum, Teilband 1, Münster: Lit. 2002 S. 511-523 - Walter Nigg, Hedwig von Schlesien, Würzburg 1991

erwecken und verleihen wolle, dass ihm unter uns ein ewige Kirche gesamlet und erhalten werde…."[6]

Diese Verehrung kann allerdings nicht in der herkömmlichen römisch-katholischen Art mit Anrufung und Gebet geschehen. Wenn sie „ehrlich und löblich" sein soll, muss sie dem Evangelium gemäß sein und darf den Heiligen keine Bedeutung zuschreiben, die Person und Werk Jesu Christi antasten könnten. Darum erklärt Cureus im Blick auf die katholische Hedwigsverehrung: „Diß alles lassen wir fahren und verwerffen es billich, dieweil wir wissen, dass die Heiligen mit nichte durch solche Mittel, so Gott zu unehren gelangen, verehret werden". [7]

Die Sicht des Cureus hat unter den Protestanten letztlich bis heute nachgewirkt. Wir verehren in der heiligen Hedwig die vorbildliche Herzogin, Ehefrau und Mutter, die Wohltäterin, die sich – obwohl sie in Trebnitz das erste Frauenkloster gründete - nicht aus der Welt zurückgezogen, sondern in der Welt ihren Glauben und die Nächstenliebe gelebt hat. Ich persönlich bezeichne sie deshalb auch als eine „frühprotestantische Heilige".[8]

## 2. Die Verehrung der Väter im Pietismus

Der Pietismus hat die reformatorisch-lutherische Position nicht grundsätzlich aufgehoben, aber in einem wichtigen Punkt verschoben, indem er Personen der Vergangenheit, die er als Geistesverwandte empfand, besonders heraushob und herausstellte. Das heißt, der Pietismus hat unter den Heiligen eine Auswahl getroffen und diejenigen für die Verehrung aufbereitet und empfohlen, die seinem eigenen Frömmigkeitsstil entsprachen und ihn bestätigten. Diese hat er dann als geistliche Ahnen, Vorläufer, Wegbereiter, Vorbilder, Väter im Glauben verehrt.

So hat etwa Nikolaus Ludwig Graf von Zinzendorf eine besondere Vorliebe für Mystiker wie Angelus Silesius, Jakob Böhme, Meister Eckart oder Valentin Weigel entwickelt, aber auch für Valerius Herberger, den lutherischen Pastor in Fraustadt (heute Polen). Hier ist nicht mehr von einer allgemeinen Heiligenverehrung zu sprechen, sondern hier kommt es zu einer Auswahl im Interesse der

[6] Joseph Gottschalk, Die älteste protestantische Lebensbeschreibung der hl. Hedwig vom Jahre 1571. In: Archiv für Schlesische Kirchengeschichte 17/1959 S. 1-15, hier S. 9

[7] ebd. S. 9

[8] Christian-Erdmann Schott, Hedwig von Andechs-Meranien. Herzogin von Schlesien und Heilige. Zu ihrem 750. Todestag am 15. Oktober 1993. In: Jahrbuch für Schlesische Kirchengeschichte 73/1994 S. 183-204, hier S. 201-204

Identitätssicherung der eigenen theologisch-kirchlichen Position durch den Rückgriff auf die Geschichte.

Damit ist eine Entwicklung eingeleitet, die längerfristig zur Aufspaltung der Heiligenverehrung in kirchliche Richtungen oder Milieus führt. Der Pietismus verehrt seine Väter, das Luthertum hat andere Väter – zu denen auf jeden Fall Wilhelm Löhe gehört - , die Innere Mission verehrt wie Heilige Johann Hinrich Wichern, Hans Ernst von Kottwitz, Friedrich von Bodelschwingh, Theodor und Friederike Fliedner, Eva von Tiele-Winckler. Der Kirchenkampf in der Zeit des Nationalsozialismus hat wiederum zu neuen Formen von gruppenspezifischer Heiligenverehrung geführt, indem zum Beispiel Martin Niemöller von der linken Richtung der Bekennenden Kirche, den Bruderräten, schon zu Lebzeiten wie ein Heiliger verehrt wurde, während die lutherischen Kirchen sich damit schwer taten.

## 3. Der Bruch in der Heiligenverehrung – die Aufklärung

Während es der Reformation darum gegangen war, das Wirken der Kirche und das Leben des einzelnen Christen unter den Maßstab des Wortes Gottes zu stellen, ging es der Aufklärung darum, das Wirken der Kirche und das Leben des Einzelnen mit der Vernunft in Einklang zu bringen. Die Aufklärung setzt bald nach dem Pietismus ein und wird grob zwischen 1740 und 1830 datiert, mit dem Höhepunkt um 1800. Ihren Ausgangspunkt nahm die Aufklärung zunächst offenbarungsfreundlich und –verbindlich, steigerte sich aber in der Theologie am Anfang des 19. Jahrhunderts bis zum Rationalismus, einer sehr weit verbreiteten Denkrichtung, die letztlich außer Gott selbst und ein paar theologischen Grundpositionen nur noch gelten lassen will, was sich als „vernünftig", „rational" verstehbar machen ließ. Die Folge war, dass Wunder, Heiliger Geist, Gebetserhörungen, und so gut wie alle Geheimnisse des Glaubens weggedeutet, weggeredet wurden. Übrig blieb ein ziemlich platter Rationalismus nach dem Motto *Ehre Gott und erweise dich als tugendhafter, nützlicher Mensch.*

Aber man blieb nicht bei freundlichen Umdeutungen stehen. Der Rationalismus entwickelte geradezu eine Feindschaft gegen alles, was nicht rational zu erklären war und nannte Menschen, die trotzdem daran festhielten *Dunkelmänner, Mystiker, unaufgeklärt.* Vor diesem Hintergrund ist verständlich, dass die Aufklärer mit den Heiligen nichts anfangen konnten. Sie sahen in ihrer Verehrung einen Ausdruck des „finsteren Mittelalters". Wenn Katholiken, Mystiker, Finsterlinge aller Art so etwas betrieben, konnte sich der aufgeklärte protestantische Bürger nur mit Schauder davon abwenden. Wer als auf der Höhe der Zeit stehend anerkannt werden wollte, konnte in Heiligen oder Heiligenverehrung nichts Positives erkennen. Es galt als eine überwundene Stufe in der religiösen Entwicklung der Menschheit. Darum wurden in der Aufklärung Heiligengedenktage, Feiertage oder auf Heilige bezogene Sitten massenweise abgeschafft. Friedrich der Große, der Philosoph auf dem Königsthron, ging dabei in seinen preußischen Landen besonders rigoros voran.

## 4. Die Suche nach Ersatzheiligen – die patriotische Bewegung nach den Befreiungskriegen

Damit stellte sich allerdings die Frager: Was tritt an die Stelle der Heiligen? Waren die Heiligenwirklich tot? Wer füllt das Vakuum? Oder stimmt es tatsächlich, dass der Mensch keine Heiligen braucht?

Die Geschichte zeigt, ohne Heilige geht es nicht Denn nun geschah etwas, was die Aufklärer nie für möglich gehalten hätten. Sie, die im Menschen in erster Linie ein vernunftbegabtes Wesen sahen und ihn so auch ansprachen und behandelten, mussten mit Erstaunen, ja fast mit Verwirrung feststellen, dass der Mensch auch Gefühl hat und dass sich dieses Gefühl in einer mächtigen Aufwallung während und nach den Befreiungskriegen ganz unvorhergesehen artikulierte. Mit der Erhebung gegen Napoleon brach ein Sturm der Begeisterung für das Vaterland, für Deutschland, für „teutsche Art und Wesen" los, den niemand für möglich gehalten hätte. Die patriotische Begeisterung erfasste ganze Volksschichten, vor allem unter der Jugend. Sie steigerte sich nach jedem Sieg. Aber sie traf auf eine Kirche, die sich als moralische Besserungsanstalt verstand, die diese Bewegung nicht kanalisieren und organisieren konnte, obgleich einzelne patriotische Prediger wie Friedrich Wilhelm Ernst Schleiermacher den Geist der neuen Zeit durchaus erfasst und religiös begleitet hatten.[9] Insgesamt war die protestantische Kirche die alte aufgeklärt-rational-vertrocknete Staatskirche, an deren Spitze die Fürsten mit ihrer nicht eben wohlwollenden Einschätzung der Freiheitsbewegung standen.

---

[9] Johannes Bauer, Schleiermacher als patriotischer Prediger. Ein Beitrag zur Geschichte der nationalen Erhebung vor hundert Jahren, Gießen 1908 – Leopold Zscharnack, Die Pflege des religiösen Patriotismus durch die evangelische Geistlichkeit 1806-1815. In: Harnack-Ehrung. Beiträge zur Kirchengeschichte, Leipzig 1921 S. 394-423

Die Folge war, dass sich der Patriotismus nicht in, sondern neben der Kirche platzierte. Dieser Prozess verlief auch nicht feindselig, eher wie ein gut laufender familiärer Abnabelungsprozess, der vielerorts sogar von Kirchenleuten gefördert und begleitet wurde. In Breslau war es zum Beispiel der Pfarrer und Konsistorialrat Jakob Gaupp (1767-1823), der umfangreiche Vorarbeiten unternommen hat, um einen neuen Kalender zu erstellen, in dem nicht mehr die alten Heiligen als Namengeber und die dazugehörenden Gedenktage aufgeführt sind, sondern die Helden des Vaterlandes geehrt werden. Neben Männern der Befreiungskriege sollten auch Staatsmänner, Theologen, Künstler, Philosophen in diesen Kalender aufgenommen werden. An den „Denktagen" müsste, nach Gaupp, dann in den Schulen davon gesprochen werden, „welche Verdienste um das Vaterland sie sich erworben,wie sie durch deutschen Sinn und deutsche Kraft Deutschland gerettet und sich als Männer dargestellt haben, an denen Jüngling und Mann zu deutschen Gesinnungen und Thaten sich entflammen soll. Dies würde die National-Erziehung fördern, zu welcher wohl nicht ernsthaft genug ermahnt werden kann".[10]

Die Forschungen von Thomas Nipperday, Reinhard Koselleck, Pierre Nora und Aleida Assmann zum Entstehen der nationalen Gedächtniskultur während der letzten Jahrzehnte haben gezeigt, worauf es dieser Bewegung nach den Befreiungskriegen ankam: Es ging um „die Inszenierung der Vergangenheit. Geschichte wird ... in den Gedenktagen, Pilgerzügen, Vorbeimärschen, Festreden, Standbildern und Nationaldenkmälern mit großem Aufwand inszeniert" mit dem Ziel, sie im nationalen Gedächtnis zu verankern, um so nationales Bewusstsein zu begründen, zu versinnlichen, zu schaffen. [11]„Die Predigten, die an solchen Orten gehalten werden, dienen der politischen Erziehung. Sie nehmen den Charakter weihevoller Volkspädagogik an. Ihr Ziel ist es, eine amorphe Masse in die klar konturierte und geschlossene Formation einer „Nation" zu ver

In unserem Zusammenhang bedeutet das: Der patriotische Heldenkult,[12] der jetzt einsetzt, ist Ausdruck eines nicht mehr befriedigten Bedürfnisses nach verehrungswürdigen, starken, anerkannten Vätern; nach Vätern, die sich im Dienst

[10] Schlesische Provinzialblätter 1785-1849 Bd. 61/1815 S. 218-221

[11] Aleida Assmann, Die Sakralisierung der Geschichte. In: Dies., Arbeit am nationalen Gedächtnis. Eine kurze Geschichte der deutschen Bildungsidee, Frankfurt/M../New York/Paris 1993 S. 47-57, hier S. 51

[12] Christian-Erdmann Schott, Denkmäler für die Helden der Befreiungskriege – Diskussion und Wirklichkeit in Schlesien. In: Michael Bunners und Erhard Piersig (Hg.), Religiöse Erneuerung, Romantik, Nation im Kontext von Befreiungskriegen und Wiener Kongress (Studien zur Deutschen Landeskirchengeschichte 5) – Jahrbuch für Mecklenburgische Kirchengeschichte – Mecklenburgia Sacra 5, Wismar 2003 S. 42-58

für das Vaterland aufgeopfert haben, Vorbilder, denen wir nacheifern, nachfolgen. Die untergegangene Heiligenverehrung lebt weiter als nationale Heldenverehrung. Und Theologen, wie der Konsistorialrat Gaupp, sind ihre Wegbereiter.

## 5. Versuche zur Wiederbelebung der protestantischen Heiligenverehrung

Die Verarmung, in die der Rationalismus geführt hatte, hatte schließlich ab etwa 1830 in der Kirche mit der Erweckungsbewegung eine religiöse Kraft auf den Plan gerufen, die stark genug war, um die Schäden der Aufklärung wenigstens teilweise aufzufangen. Die Erweckungsbewegung knüpfte vor allem an den voraufklärerischen Pietismus an, griff aber auch auf die Reformation zurück. Man spürte, was man verloren hatte und suchte nach dem Rückanschluss an die abgerissene Tradition.
Der fromme preußische König Friedrich Wilhelm IV. beauftragte 1844 den Kirchenhistoriker Ferdinand Piper (1811-1889) mit der Neuordnung des protestantischen Kalenderwesens. 1850 legte Piper einen Entwurf vor. Darin stellte er für jeden Tag im Jahr einen Bezug zu einem kirchlich-christlichen Ereignis oder einer Person - Märtyrer, Glaubenszeugen, Lehrer der Kirche – her. Dazu erschien zwischen 1850 und 1870 ein ökumenisch ausgerichtetes Begleitbuch mit 399 Lebensbildern unter dem Titel „Zeugen der Wahrheit". Die Eisenacher Kirchenkonferenz lehnte 1870 die kirchenamtliche Rezeption von Pipers Namenkalender allerdings ab. Nicht nur, aber auch daran ist das Projekt von Pipers evangelischem Namenkalender gescheitert. In den Gemeinden ist das Werk ganz unbekannt geblieben.
Andererseits ist die auch vom Protestantismus übernommene Tradition, Kirchen oder Gemeindehäusern den Namen eines besonderen Christen zu geben, trotz des Einbruches der Aufklärung ungebrochen lebendig geblieben. Neben den mittelalterlichen vorreformatorischen Patrozinien - Sebald-. Katharinen-, Nikolai-, Marien-, Lorenz- und anderen Kirchen - haben sogar noch nach dem Zweiten Weltkrieg viele Kirchen wieder Namen von verehrten Menschen erhalten – in Mainz die Luther-, Melanchthon- oder Maria-Magdalena-Kirche. Auch in Gonsenheim gibt es immer wieder Diskussionen, ob wir unserer Kirche in der Breiten Straße nicht ein Patrozinium geben sollten. Bis jetzt ist das immer abgelehnt worden, weil wir, nicht eingeschränkt auf eine spezielle Person, *die* Evangelische Kirche von und für ganz Gonsenheim sein wollen. Das hat viel für sich.

Aber auch die evangelischen Vertriebenen haben hier ihren Beitrag geleistet. So weit mir bekannt, ist es mindestens zwei Mal vorgekommen, dass Maria-Magdalana-Kirchen neu gebaut wurden. So hieß eine der großen Stadtkirchen von Breslau, dazu noch die zentrale Ordinationskirche für die evangelischen Pastoren von ganz Schlesien. Aber auch Namen wie Dietrich Bonhoeffer, Martin-Luther-King, Martin-Niemöller, Katharina Staritz kommen nicht ganz selten vor.

Auch die wissenschaftliche Theologie hat sich nach dem Zweiten Weltkrieg verstärkt dem Thema evangelische Heiligenverehrung zugewandt. Besonders interessant scheinen mir dabei folgende Beiträge zu sein:

Zuerst das Buch „Verehrung der Heiligen - Versuch einer lutherischen Lehre von den Heiligen", Stuttgart 1958, von Max Lachmann. Lachmann (1910-2000) sieht in der lutherischen Konzentration auf das Solus Christus (Christus allein) eine Engführung, die vor allem aus seelsorgerlich-pastoralen Gründen aufgehoben werden müsste. Unter Berufung auf das Neue Testament geht es ihm darum, Christus mit den Heiligen als Einheit zusammen zu sehen und die in den Himmel aufgenommenen, verklärten Heiligen an der Weltregierung teilhaben zu lassen. In der Feier der Eucharistie soll nach ostkirchlichem Vorbild die Heiligenverehrung ihren Sitz haben – also nicht so sehr in den Lebensvollzügen wie bei den Reformatoren, sondern im Sakrament des Altars. Bei Vollzug des Abendmahls wird auch der Heiligen verehrend und in Dankbarkeit gedacht

Einen ganz anderen Ansatz nahm der reformierte schweizerische Pfarrer Walter Nigg (1903-1988). Er hat sich den Heiligen nicht so sehr durch wissenschaftliche Forschungen, sondern durch das Nacherzählen ihres Lebens genähert. Sein Ziel war es, auf diesen vergessenen Schatz der Kirche hinzuweisen, weil er davon überzeugt war, dass die Heiligen uns Unverwechselbares und Unvergängliches zu sagen haben. Nigg hat sein Leben ganz in den Dienst der Vergegenwärtigung der Heiligen gestellt und dabei viel bewegt. Seine Bücher erlebten hohe Auflagen und zeigen schon in den Titeln, was er will:

Große Heilige, Zürich und Stuttgart 1947. u.ö.

Glanz und Legende. Eine Aufforderung, die Einfalt wieder zu lieben, Zürich und Stuttgart 1964. u.ö.

Die Heiligen kommen wieder. Leitbilder christlicher Existenz, Freiburg 1973 .

In diesem Buch finden sich die folgenden Kerngedanken Niggs: „Wohl sind sie (die Heiligen) wegen der ihnen zuteil gewordenen groben Vernachlässigung im Raume der Kirche in den Hintergrund getreten, so dass es oft scheint, als wären sie aus ihm entschwunden. Das aber ist ein bloß äußerer Eindruck. Die Heiligen sind durch geheimnisvolle Bande mit der Christenheit unlöslich verbunden. Zwar sind sie gegenwärtig wie ausgelöscht, man redet nicht oder nur selten von ihnen. Doch wird es nicht bei diesem Verstummen bleiben, denn plötzlich werden sie wieder zu den Menschen sprechen. Es gibt eine Wiederkehr der Heiligen, ein Glaube, den wir uns nicht nehmen lassen. Sie bildet eines der Hauptthemen unsers Lebens, an dem wir mit ganzer Seele beteiligt sind. Vielleicht früher, als man denkt, treten die Heiligen wieder durch die Türe der Christenheit ein, leise, unmerklich und unerwartet."[13]
In die gleiche Richtung weisen Jörg Erb, „Die Wolke der Zeugen", 4 Bände, Kassel 1951-1963 sowie Klaus Reblin/Wolfgang Teichert, „Gottescourage. Geschichten vom ganz anderen Leben der Heiligen", Taschenbuch Stuttgart 1986.
Hans-Martin Barth, Professor für Systematische Theologie und Religionsphilosophie in Marburg, hat 1992 ein Buch „Sehnsucht nach den Heiligen? Verborgene Quellen ökumenischer Spiritualität" veröffentlicht. Dieses Buch ist ein leidenschaftliches Plädoyer für die Heiligen mit der Frage: Was könnten sie heute – gerade auch für die Protestanten – noch oder wieder bedeuten?
Ein wesentliches Ergebnis seiner Überlegungen heißt: „Die Christenheit – ich würde sogar sagen: die Menschheit – braucht ein neues Profil der Heiligen".[14] Dabei stützt sich Barth auf die reformatorische Einsicht: „Heiliger, als man durch die Taufe geworden ist, kann man nicht werden!". [15] Wichtig ist ihm das Wort im Hebräer-Brief Kap. 13 Vers 7: „Gedenket an eure Lehrer, die euch das Wort Gottes gesagt haben; ihr Ende schauet an und folget ihrem Glauben nach". Dieses Gedenken kann dazu führen, dass wir dankbar werden und bereit sind, unsern Alltag in Glauben und Geduld zu meistern, als Vater und Mutter, im Büro oder in einem Ehrenamt. Nicht das Spektakuläre ist es, was die Heiligen auszeichnet, sondern Treue, Geduld, Barmherzigkeit, Glaube. Ich selbst darf mich als Heiligen annehmen, dem die so genannten großen Heiligen Geschwister, Freunde, Mit-Heilige sind, mit denen ich im Gespräch lebe, mit denen ich mich identifiziere. „Ein Heiliger sein, heißt wissen,

[13] Walter Nigg, Die Heiligen kommen wieder. Leitbilder christlicher Existenz, 7. Aufl. Freiburg 1980 S. 14
[14] Hans-Martin Barth, Sehnsucht nach den Heiligen? Verborgene Quellen ökumenischer Spiritualität, Stuttgart 1992 S. 98
[15] ebd. S. 100

dass man Mensch sein darf".[16] So weiß sich der Heilige mit anderen verbunden. Hier weisen die Gedanken Barths dann hinüber zu der reformatorischen Idee des allgemeinen Priestertums aller Gläubigen in enger Verbindung mit der Vorstellung von der Gemeinschaft der Heiligen.

Schließlich muss hier auch hingewiesen werden auf die Arbeit von Harald Schultze/Andreas Kurschat (Hg.), „Ihr Ende schaut an...Evangelische Märtyrer des 20. Jahrhunderts", Leipzig 2006. Nachdem die katholische und die russisch-orthodoxe Kirche ihrer Märtyrer des 20. Jahrhunderts gedacht haben, liegt nun auch das evangelische Martyrologion vor. Es zeichnet das Leben von 499 Märtyrerinnen und Märtyrern aus dem deutschsprachigen Raum Europas nach. Peter Maser schreibt zu diesem in seiner Art ergreifenden Buch „ „Ihr Ende schaut an..." ist als eine der wahrscheinlich wichtigsten kirchengeschichtlichen Neuerscheinungen der letzten Jahre zu würdigen: Der deutsche Protestantismus zieht damit eine Bilanz des Jahrhunderts der Diktaturen. Die Verfolgungen durch Nationalsozialismus und Kommunismus haben die Kirchen schwer erschüttert. Ihnen wurde aber auch eine „Wolke von Zeugen" geschenkt, die durch ihren Glauben und mit ihrem Leben für die Wahrheit des Evangeliums einstanden. Davon spricht dieses Buch auf jeder Seite im Dank gegen Gott und in ehrfürchtigem Gedenken an die Opfer!". [17]

## 6. Wandlungen in der Verehrung einzelner Heiliger – zwei Beispiele

Bemerkenswert ist aber auch, dass nicht nur, wie wir gesehen haben, die Geschichte der evangelischen Heiligenverehrung ein insgesamt höchst wandlungsreicher Prozess ist, sondern dass auch die Verehrung einzelner Heiliger Wandlungen unterliegen kann.

Am Beispiel der katholischen Hedwigsverehrung lässt sich das gut verdeutlichen. Ursprünglich und durch Jahrhunderte hindurch war Hedwig im katholischen Verständnis Landesheilige und Schutzpatronin von Schlesien. Nach der Vertreibung der Deutschen wurde sie zur „Schutzpatronin der Völkerverständigung".[18] Papst Johannes Paul II. hat anlässlich seines zweiten Polenbesuches am 21. Juni 1983

[16] ebd. S. 152 f.

[17] Peter Maser in Ostkirchliche Information (OKI) II 2006 S. 13-17, hier S. 17

[18] Joseph Gottschalk, St. Hedwig, Patronin der Völkerverständigung. In: Heimat und Glaube 18 (1966) S. 2-3

diese neue Bedeutung und Funktion der heiligen Hedwig herausgestellt: „In unserer Geschichte steht die heilige Hedwig wie eine Grenzgestalt, die zwei Nationen miteinander verbindet: die deutsche und die polnische Nation. Sie verbindet sie im Verlauf vieler Jahrhunderte einer Geschichte, die schwierig und schmerzhaft war. Die heilige Hedwig bleibt inmitten aller geschichtlichen Prüfungen schon sieben Jahrhunderte lang die Fürsprecherin einer wechselseitigen Verständigung und Versöhnung".[19]

Die Möglichkeit, dass sich die Verehrung eines Heiligen mehrfach wandeln kann, zeigt auch die Bonhoeffer-Verehrung. Harry Oelke hat darauf aufmerksam gemacht, dass die Erinnerung an den Pfarrer und Widerstandskämpfer Dietrich Bonhoeffer im deutschen Protestantismus bisher mindestens drei Phasen durchlaufen hat. In den ersten Jahren nach dem Zusammenbruch von 1945 gab es in den deutschen Landeskirchen Bonhoeffer gegenüber eine deutliche Zurückhaltung, wohl darauf zurückzuführen, dass sie sich durch die Konsequenz dieses Lebenszeugnisses auch an eigenes Versagen erinnert sahen und darum die Verehrung dieses Märtyrers nicht unbedingt fördern wollten. Mit dem Erscheinen der großen Biographie von Eberhard Bethge 1967[20] kommt eine positivere Einstellung auf, bei der sich die Sicht Bethges mit den Fragen der 68er-Bewegung an die schweigsame ältere Generation verbindet. Bonhoeffer gerät gewissermaßen in die Hände der jungen Generation. Ab Mitte der 1980er Jahre sind es schließlich die Medien – Film, Rundfunk, aber auch Lehrpläne in den Schulen und Landeszentralen für politische Bildungsarbeit -, die Bonhoeffer popularisieren und seinen Schicksalsweg weiteren Kreisen bekannt machen. Dabei muss diese dritte Phase nicht die letzte sein. Es ist gut möglich, dass sich weitere Phasen anschließen. In diesem Sinn ist die Bonhoeffer-Verehrung durchaus unfertig.[21] Aber, wie auch das Beispiel der heiligen Hedwig zeigt: Heilige wollen genutzt, gebraucht, gefragt, ins Leben hineingezogen werden. Mit jeder neuen Frage, die wir an sie stellen, bekommen sie ein etwas anderes Gesicht. Insofern sind die Heiligen mit uns unterwegs, unfertig, offen - wie das Leben selbst

**7. Abschließende Bemerkungen**

[19] Zitiert nach W. Nigg – wie Anm. 6 - S. 6

[20] Bethge, Eberhard, Dietrich Bonhoeffer. Theologe – Christ - Zeitgenosse, 1. Aufl. München 1967

[21] Harry Oelke, Wir erinnern uns: Dietrich Bonhoeffer. Anmerkungen zur kirchlichen Erinnerungskultur in Deutschland nach 1945. In: Ev. Arbeitsgemeinschaft für Kirchliche Zeitgeschichte. Mitteilungen 24 (2006) S. 71-91, hier S. 87-91

a) Zur praktizierten Heiligenverehrung im Protestantismus gehört neben dem nie unterbrochenen Patrozinien-Wesen im Bereich von Kirchen und kirchlichen Gebäuden auch der pietätvolle Umgang mit Kirchenliederdichtern und Kirchenmusikern (Komponisten). Das Evangelische Gesangbuch bietet dafür gute Einstiegsmöglichkeiten, indem über jeden Dichter oder Melodisten ein im Anhang für jedermann leicht zugängliches Biogramm erstellt ist, das für Unterricht und Predigt durch wissenschaftliche Literatur ergänzt werden kann.[22] Das Leben von Kirchenliederdichtern wie Martin Luther, Paul Gerhardt, Jochen Klepper, Dietrich Bonhoeffer oder Komponisten wie Johann Sebastian Bach (der fünfte Evangelist) und Georg Friedrich Händel ist dadurch in großen Zügen in den Gemeinden bekannt. Die Möglichkeiten, die hier gegeben sind, sind freilich auch von Kantoren und Lehrern noch lange nicht auch nur annähernd ausgeschöpft.

b) Hinzu kommt die Kirchenpädagogik,[23] die zwar noch nicht überall stattfindet. Wo es aber Angebote gibt,, ist immer auch die örtlichen Heiligentradition mit einbezogen und in den Dienst der guten Sache gestellt.

c) „Heiligenverehrung in evangelischer Sicht" – das Thema ist für uns Evangelische nicht erledigt. Im Gegenteil, wir ahnen, dass hier noch viel zu entdecken ist. Ich bin davon überzeugt, dass Walter Nigg recht hat, wenn er prognostiziert „Die Heiligen kommen wieder", füge aber hinzu: Sie werden nicht erst kommen, sie sind schon da. Sie sind schon unter uns. Es sind die vielen tapferen Christen, die, unbeeindruckt von den Windungen des Zeitgeistes, in Alltag und Beruf, in Krankheit und Arbeitslosigkeit, in Rückschlägen und freudigen Ereignissen ihren Weg im Glauben gehen und an der Hoffnung auf Gott und an der Liebe zum Nächsten festhalten. Sie sind unter uns. Wir aber müssen wohl noch einiges lernen, um genauer hinzusehen, damit wir sie entdecken und ihnen die Verehrung zuteil werden lassen, die ihnen zusteht.

---

[22] Wolfgang Herbst, Komponisten und Lieddichter des evangelischen Gesangbuches, 1. Aufl. Göttingen 1999, 2. Aufl. 2001 – Martin Rößler, Liedermacher im Gesangbuch. Liedgeschichte in Lebensbildern, Stuttgart 2001

[23] Hartmut Rupp (Hg.), Handbuch der Kirchenpädagogik. Kirchenräume wahrnehmen, deuten und erschließen, Stuttgart 2006 – Birgit Neumann, Kirchen öffnen, entdecken, verstehen; ein Arbeitsbuch. Gütersloh 2003

Printed by Books on Demand GmbH, Norderstedt / Germany